Stefan Boëthius
Hansruedi Zellweger

Heute beginnt der Rest Deines Lebens

Time/system® Verlag

CIP-Kurztitelaufnahme
Stefan Boëthius / Hansruedi Zellweger
Heute beginnt der Rest Deines Lebens

ISBN 3-908537-01-0

1. Auflage 1.–5. Tausend Januar 1987
2. Auflage 6.–10. Tausend Februar 1988
3. Auflage 11.–15. Tausend Juli 1990

Druck: Kyburz AG, Dielsdorf
Illustrationen: Alex Demarmels, Zürich

Für
Sasa und Esther

Inhalt

Erste Stunde:
ZEIT UND SINN

Ich klingelte an der Türglocke. Da ich 15 Minuten zu spät kam, drückte ich den Knopf gleich ein zweites Mal, um zu zeigen, dass ich mich beeilt hatte. Ein Mann öffnete die Tür. Ich begegnete meinem Zeitberater zum ersten Mal. Er war mir von einem guten Freund empfohlen worden. Ich sagte meinen Namen und er zeigte mir den Weg zu seinem Arbeitszimmer, wo ich mich in einem grossen Sessel niederliess.

«Entschuldigen Sie meine Verspätung, aber heute jagt ein Termin den anderen. Ich hatte eine wichtige Sitzung, die etwas länger dauerte und dann bin ich noch im Verkehr stecken geblieben.»

«Warum kommen Sie zu mir?»

«Ich fühle mich nicht wohl. Nichts macht mir mehr Freude. Ich habe zu viele Probleme. Ich sehe keinen Sinn mehr im Leben. – Ich möchte mein Leben wieder in Ordnung bringen.»

«Ich verstehe. Können Sie mir sagen, wie Sie momentan «die Zeit» erleben?»

«Ich habe das Gefühl, dass die Zeit mir wegläuft. Ich arbeite und bemühe mich den ganzen Tag, ohne eigentlich zu wissen wofür. Die Tage rasen an mir vorbei und ich weiss nicht einmal, wie ich sie ausgefüllt habe. Und trotzdem scheint die Zeit still zu stehen. Ich spüre keine Entwicklung in meinem Leben. Alles ist stumpf und langweilig. Ich habe das Gefühl, dass ich meine Zeit sinnlos verschwende.»

«Sie müssen sich bewusst werden, dass Sie Ihre Zeitprobleme nur dann lösen können, wenn Sie die Ursachen bei sich selbst suchen. Voraussetzung für den Erfolg ist die Einsicht, dass das Problem bei uns liegt.»

«Darum komme ich ja zu Ihnen, weil ich die Probleme bei mir sehe.»

«Aber vorhin haben Sie gesagt, dass Sie zu spät gekommen sind, weil eine Sitzung länger gedauert und der Verkehr Sie behindert hat. Sie haben das Problem nicht bei sich selbst erkannt, sondern äusseren Umständen die Schuld gegeben.»

«Aber den Verkehr konnte ich nicht voraussehen. Normalerweise braucht man nur eine Viertelstunde mit dem Auto hierher und ich habe beinahe eine halbe Stunde gebraucht. Das ist doch nicht meine Schuld.»

«Ich habe einmal ein Seminar durchgeführt, als es furchtbar geschneit hatte. Auf den Strassen brach der Verkehr zusammen. Die meisten Teilnehmer kamen zu spät und alle gaben natürlich dem Wetter die Schuld. In der Pause unterhielt ich mich mit einem Teilnehmer, der auch zu spät gekommen war. Er erzählte mir, dass genau vor einem Jahr das Wetter noch viel schlimmer gewesen sei. Er konnte sich gut daran erinnern, weil er an dem Tag mit einer Gruppe von Freunden zu einem Abenteuerurlaub nach Afrika geflogen war. Ich fragte ihn, wie viele der Reisekollegen das Flugzeug verpasst hatten. Was glauben Sie, hat er mir geantwortet?

«Keiner.»

«Wie erkären Sie sich das?»

«Sie wollten das Flugzeug unbedingt erreichen.»

«Dass Sie jetzt zu spät kamen, lag also nicht an den äusseren Umständen, sondern einfach an der Tatsache, dass Sie zu spät abgefahren sind. Wenn Sie motiviert genug gewesen wären, pünktlich hier zu sein, dann wären Sie nicht zu spät gekommen. Es war Ihre eigene Entscheidung, das Risiko einer Verspätung einzugehen. Sie haben die Zeit zu knapp bemessen. – Es gibt Autofahrer, die sich enorm aufregen, wenn jemand im Verkehr einen Fehler begeht. Wären alle diese «Idioten» nicht, dann würden sie sich nicht mehr ärgern. Aber wegen der schlechten Fahrweise der anderen sind sie immer gestresst. Was glauben Sie, ist einfacher: Allen Idioten auf der Strasse das Fahren beizubringen oder die eigene Toleranz zu erhöhen? – Wenn wir unsere Probleme lösen wollen, dürfen wir nicht vergessen, dass wir die anderen nicht ändern können, sondern nur uns selbst.»

«Ich ärgere mich über alle Leute, die mir im Weg stehen. Im Büro, zum Beispiel, sind meine Mitarbeiter, das Telefon, Kunden, Vorgesetzte, meine Sekretärin und der Papierkram Schuld daran, dass ich mit meiner Arbeit nicht vorwärts komme. So erlebe ich es jedenfalls. Wie kann ich das ändern?»

«Es ist eine Übungssache. Es braucht Zeit, bis wir eine Einsicht in die Tat umsetzen können. Alte Einstellungen und Gewohnheiten werden wir nicht so leicht los. Aber damit Sie Ihre Einsicht nicht gleich vergessen, möchte ich, dass Sie mit Ihrem Zeigefinger auf etwas zeigen, so, als ob Sie wieder einem äusseren Umstand die Schuld für Ihr Problem geben wollten. Schauen Sie Ihre Hand genau an. Wie viele Finger zeigen nach vorne?»

«Einer.»

«Und wieviele Finger zeigen auf Sie zurück?»

«Drei.»

«Vielleicht denken Sie daran, wenn Sie das nächste Mal Ihren Zeigefinger gegen jemanden erheben und ihm die Schuld für Ihr eigenes Problem zuschieben wollen. Diese Einsicht ist eine Voraussetzung dafür, dass ich Ihnen helfen kann. Wenn wir Ihre Zeitprobleme lösen wollen, dann müssen Sie bereit sein, sich selbst zu begegnen.»

Ich hatte mir das viel einfacher vorgestellt. Er sollte mir doch nur einige Tricks zeigen, wie ich meine Probleme zu lösen hätte. Eine solche Belehrung hatte ich nicht erwartet.

Auf der Suche nach Sinn

«Gut – fangen wir an. Sie haben gesagt, Sie hätten das Gefühl, die Zeit laufe Ihnen davon. Können Sie mir darüber etwas erzählen?»

«Ich erlebe, dass sie mir wegläuft, wenn ich sie für sinnlose Dinge verwende. Gegen sinnlose Aufgaben hatte ich schon immer einen Widerstand. Ich schiebe sie vor mir her, bis sie so dringlich werden, dass ich sie nur unter Termin- und Zeitdruck erledigen kann. Dazu kommt, dass ich die sinnlosen Dinge, wenn ich sie einmal angepackt habe, sofort erledigt haben möchte, weil sie mich ja nur aufhalten und mich daran hindern, etwas Sinnvolles zu tun. Ich habe keine Geduld und komme sofort in Stress. – Und in letzter Zeit kommt mir einfach alles sinnlos vor.»

«Sinn und Zeit gehören eng zusammen. Wenn wir einen Sinn erkennen, können wir auch sinnvoll mit unserer Zeit umgehen. Nur sinnvolle Aufgaben geben uns die Motivation, sie ohne Aufschub zu erledigen. Sie geben uns das Gefühl, dass wir die Zeit optimal ausnützen. Wenn wir uns nur mit sinnvollen Aufgaben beschäftigen würden, dann hätten wir weder Zeitnot noch Stress. – Beschränkt sich das Gefühl der Sinnlosigkeit nur auf Ihren Beruf?

«Nein, es betrifft auch mein Privatleben. Ich bin in letzter Zeit sehr müde und schlafe immer vor dem Fernseher ein. Ich habe kaum Energie für meine Familie. Alle meiden mich, weil ich so irritiert bin, und mich über alles beklage. – Ich fühle mich mehr tot als lebendig. Irgendwie spüre ich mich selbst nicht mehr. Ich stehe meistens ausserhalb des Geschehens, als wäre ich Luft. Ich fühle mich in einer Welt gefangen, in der ich keinen Einfluss auf den Lauf der Dinge mehr habe, und in der nichts mehr einen Sinn hat.»

«Wie ein Gespenst. Gespenster leben auch nicht, obwohl sie unter uns weilen. Sie haben keinen festen Körper und können deshalb nicht in das Leben eingreifen und etwas verändern. Und ihre Gesellschaft ist nicht erwünscht, weil sie uns mit ihrem Gejammer und Gepolter Angst machen.»

«Ja, dieser Vergleich trifft meine Situation ziemlich genau.»

«Gespenstergeschichten handeln oft von umherirrenden Geistern, die als Menschen ein furchtbares Schicksal hatten. Entweder wurden ihnen ein grosses Unrecht zugefügt oder sie hatten etwas Schreckliches getan, das noch gesühnt werden muss. Deshalb fanden sie nach dem Tode keine Ruhe.»

«Also konnten sie etwas sehr Wichtiges in ihrem Leben nicht erledigen.»

«Genau. Erst wenn das Unerledigte nachgeholt wird, können sie erlöst werden. Dann erst bekommt ihr Leben doch noch einen Sinn, und sie können in Frieden schlafen. – Ist dies nicht auch Ihre Situation? Ihnen fehlt doch auch der Sinn. Und wenn Sie so weiterleben würden wie bisher, bliebe in Ihrem Leben auch vieles unerledigt.»

«Sie meinen, ich bin auf dem besten Weg, ein Gespenst zu werden?»

«Im übertragenen Sinne ja.»

«Sie sehen den Grund für meine Probleme und für meinen Zustand darin, dass ich keinen Sinn im Leben habe?»

«Ja.»

«Aber was ist der Sinn im Leben? Können Sie mir diese Frage beantworten?»

«Ja, das kann ich. Der Sinn in Ihrem Leben wird darin bestehen, dass Sie eine Frau kennenlernen.»

«Was? Ich bin doch verheiratet!»

«Ich will Sie nicht zu einem Seitensprung anstiften. Ich behaupte sogar, Ihre Ehefrau würde sich freuen, wenn Sie diese Bekanntschaft machten. Jedenfalls wird sie auf keinen Fall eifersüchtig sein.»

«Das glaube ich Ihnen nicht.»

«Es geht hier um eine ganz besondere Frau. Sie ist die Personifikation der Weiblichkeit: Emotionell, intuitiv und irrational. Sie ist die Quelle der Liebe, aber auch des Hasses. Wie alle Frauen hat sie es nicht gerne, wenn man sie vernachlässigt. Und das haben Sie getan. Aus Rache dafür nimmt sie Ihnen die Freude am Leben. Sie hat Ihnen Sinn und Lebensinhalt geraubt. Aber wenn Sie sich um diese Frau bemühen und ihr genügend Aufmerksamkeit schenken, dann wird sie sich von ihrer guten und liebevollen Seite zeigen, und wird Ihr Leben mit Freude und Sinn erfüllen.»

«Das verstehe ich nicht. Wo ist diese Frau?»

«Die Frage nach dem «Wo?» hilft Ihnen nicht weiter. Diese Frau befindet sich nicht im Raum, sondern in der Zeit.»

«In der Zeit?»

«Ja. Dies ist auch der Hauptgrund dafür, dass sie immer zu wenig beachtet wird. Diese Frau lässt sich weder anfassen, noch können wir sie sehen.»

12
9
6

«Dann existiert sie ja gar nicht.»

«Existieren die Dinge für Sie nur, wenn Sie sie anfassen und sehen können? Sie sind doch nicht nur den räumlichen, sondern auch den zeitlichen Bedingungen unterworfen. Die Zeit ist real, obwohl wir sie weder anfassen, noch sehen können.»

«Wer ist diese Frau, von der Sie reden?»

«Ich spreche hier von der Frau in jedem Manne. – Von Ihrer Seele. Diese Frau, die Sie zu wenig beachten, ist Ihre Seele.»

«Die Seele soll in der Zeit zu finden sein?»

«Ich glaube sogar, dass es keine Zeit ohne Seele gibt. – Es gäbe keine Zeit, wenn keine Menschen auf der Erde leben würden. Die Himmelskörper würden zwar weiterhin ihre Bahnen ziehen, aber wer würde ihre Geschwindigkeit in Zeiteinheiten messen? Es braucht den Menschen mit seiner Fähigkeit, Erfahrungen in der Zeit zu machen. Das Zeitliche ist so eng mit der menschlichen Erlebnisfähigkeit verbunden, dass wir sagen können: Die Seele ist der Ursprung der Zeit. – Ihre Gedanken und Gefühle zum Beispiel sind rein zeitliche Erscheinungen. Es würde Ihnen doch nicht im Traum einfallen, ihre Wirklichkeit und Existenz anzuzweifeln, oder?»

«Natürlich nicht.»

«Unsere Gedanken und Gefühle sind Ausdruck unseres Seelenlebens. Sie erscheinen aber nicht im Raum. Wir können sie nur in der Zeit erfassen. Oder sehen Sie die Seele irgendwo hier im Raum? Zeigen Sie mir, wo Sie Ihre Seele haben.»

«Das kann ich nicht. Sie ist in einer anderen Dimension.»

«Es gibt nur eine andere Dimension neben dem Raum: Die Zeit. So wird deutlich, dass sich das Seelenleben nur in der Zeit vollziehen kann. Indem wir uns mit der Zeit befassen, setzen wir uns unweigerlich auch mit unserer Seele auseinander. Und umgekehrt. Wir könnten uns nie mit der Seele befassen, ohne auch die Zeit zu berücksichtigen. – Zeit und Seele gehören zueinander, wie die Vorder- und Rückseite einer Münze. Was wir sehen, ist nur eine Frage des Blickwinkels.»

«Sie wollen damit sagen, dass ich keine Zeitprobleme mehr hätte, wenn ich mich mit meiner Seele befassen würde.»

«Ja. Aber wir wollen hier trotzdem an Ihren Zeitproblemen arbeiten. Das wird gleichzeitig die Arbeit an Ihrer seelischen Entwicklung sein.»

«Indem wir hier sitzen und ganz unschuldig über meine Zeitprobleme sprechen, geht es eigentlich um etwas viel Tieferes, nämlich um meine seelische Gesundheit.»

«Ja.»

«Das hätte ich mir denken können. Es wäre naiv von mir gewesen, zu glauben, dass ich meine Probleme nur mit einer besseren Zeitplanung würde lösen können. Mir gefällt dieser Ansatz.»

«Es ist viel leichter und konkreter, über die Zeit zu sprechen, als über irgendwelche psychologischen Dinge. Unter der Zeit kann sich jeder etwas vorstellen. Seelische Probleme und die Bedeutung der seelischen Entwicklung werden einem nie so richtig bewusst, aber jeder kennt seine Zeitprobleme zu Genüge.»

«Ich möchte mehr darüber erfahren. Was verstehen Sie unter seelischer Entwicklung?»

«Die seelische Entwicklung bildet als Reifungs- bzw. Entfaltungsprozess die psychische Parallele zum Wachstums-

und Alterungsprozess des Körpers. Sie ist allgemein der Vorgang der Bildung zum Einzelwesen, also ein Differenzierungsprozess, der die Entwicklung der individuellen Persönlickeit zum Ziel hat. Sie ist ein Ausdruck für unser Bedürfnis nach grösserer Vollständigkeit und Abrundung unseres Wesens.»

«Könnte man es auch persönliche Entwicklung oder Selbstentfaltung nennen?»

«Ja, auf jeden Fall. Aber ich finde den Begriff «seelische Entwicklung» besser, weil damit klar zum Ausdruck kommt, worum es hier die ganze Zeit geht, nämlich um unsere Seele.»

«Ich verstehe.»

«Zeichnen Sie auf dieses Papier eine Linie, die den Verlauf Ihrer seelischen Entwicklung von Ihrer Geburt bis zur heutigen Tag darstellen soll, und markieren Sie den Punkt, wo Sie jetzt gerade stehen. Es kommt hier nicht auf Objektivität an, sondern darauf, wie Sie selbst Ihre seelische Entwicklung wahrnehmen und sehen.»

Ich zeichnete eine Kurve und gab dazu folgende Erklärung ab:

«Da ich mich sehr wenig um sie gekümmert habe, verläuft die Kurve ziemlich flach. Ich hätte bestimmt viel mehr für sie tun können, aber ich hatte vorher nie das Bedürfnis. In den letzten Jahren steht nach meinem Gefühl meine seelische Entwicklung praktisch still.»

«Und wann hat das Gefühl der Sinnlosigkeit begonnen?»

«Auch in den letzten Jahren. Also auch von dem Punkt an, wo die Linie stagniert.»

«Erkennen Sie jetzt, wie wichtig die seelische Entwicklung für den Sinn im Leben ist?»

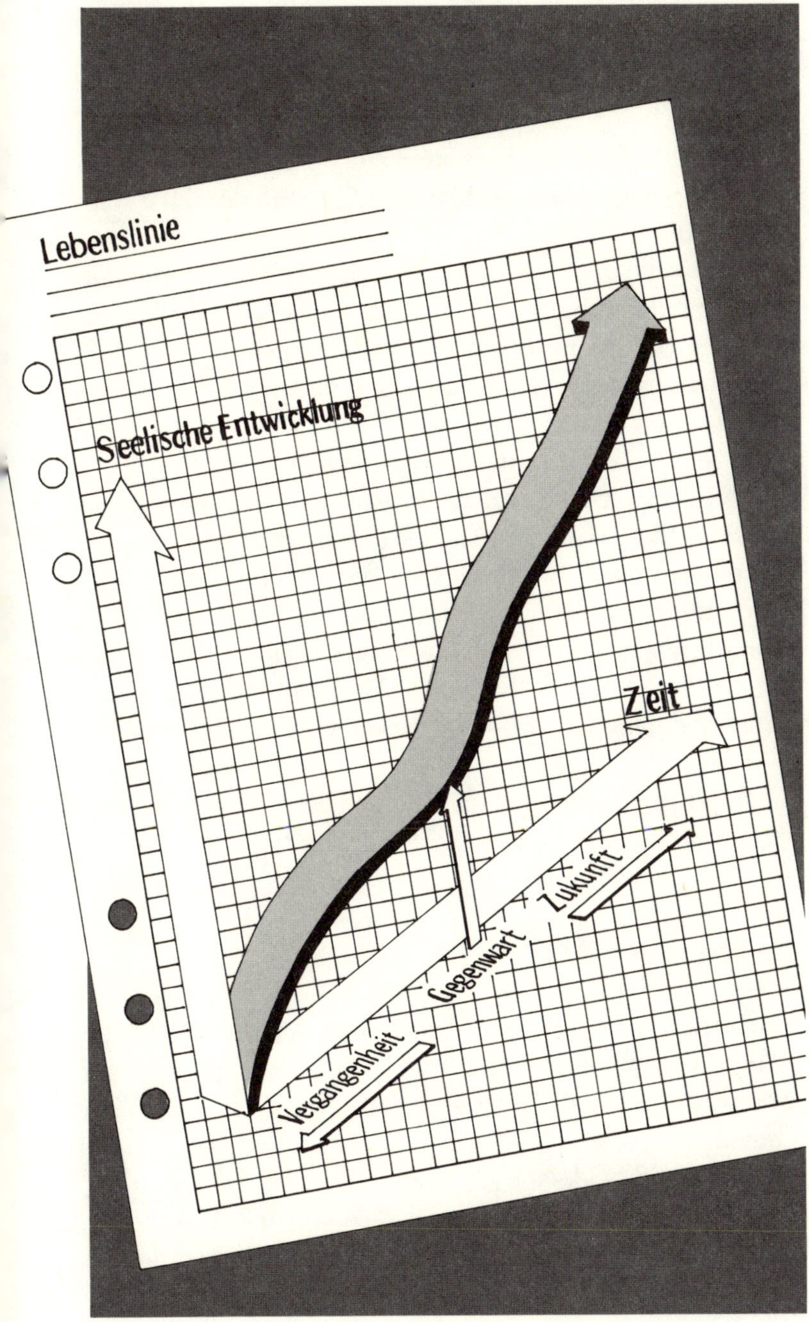
Lebenslinie
Seelische Entwicklung
Zeit
Vergangenheit
Gegenwart
Zukunft

«Ja. Es hängt eindeutig miteinander zusammen. Mit der Dauer der Stagnation hat das Gefühl der Sinnlosigkeit ständig zugenommen.»

«Wie soll jetzt Ihre Linie für die Zukunft verlaufen? Vervollständigen Sie Ihre Kurve bis zu Ihrem Lebensende. Zeichnen Sie die Linie ganz frei nach eigenen Wünschen und Vorstellungen, egal ob Sie es für realistisch oder möglich halten.»

Ich zeichnete die Linie steil nach oben.

«Ob ich das schaffe, weiss ich zwar nicht. Schön wäre es.»

«Wenn Sie dazu bereit sind, werden wir Ihre Probleme bald gelöst haben. Davon bin ich fest überzeugt.»

«Ich hoffe, Sie haben recht, weil ich sie lange genug mit mir herumgeschleppt habe. Wenn es so weiter geht wie bisher, breche ich eines Tages vor Erschöpfung zusammen. Manchmal habe ich Angst, ich bekäme einen Herzinfarkt.»

Ich spürte wie schon oft ein leichtes Stechen in der Herzgegend – wie eine Warnung. Ich seufzte tief.

Das Phänomen Zeit

«Machen wir bei Ihren Problemen weiter. Sie haben anfangs gesagt, dass auf der einen Seite die Tage an Ihnen vorbeirasen, und auf der anderen Seite die Zeit still zu stehen scheint.»

«Das ist ein Widerspruch, aber ich erlebe es so.»

«Ihr Gefühl ist sicher richtig. Die Zeit ist ein Phänomen, das nur sehr schwer zu erklären ist. Der heilige Augustinus(1) sagte: «Was ist die Zeit? Wenn niemand mich danach fragt, weiss ich's, will ich's aber jemandem erklären, weiss ich's nicht». Wenn wir uns einige Gedanken über das Phänomen Zeit machen und ihre Natur verstehen würden, könnten wir besser mit ihr umgehen. Augustinus spricht auch von zwei Arten der Zeit, ähnlich wie Sie es erleben. Er unterscheidet zwischen dem Veränderlichen und dem Unveränderlichen. Die veränderliche Zeit ist auf der Erde und die unveränderliche Zeit ist bei Gott. Auch Meister Eckhart(2) kennt diese beiden Aspekte der Zeit. Für ihn ist Gott zeitlos, aber aus ihm strömt der Fluss der Zeit. So ist die Zeit für ihn zugleich ewige Stille und ständiges Strömen.»

«Irgendwo habe ich gelesen, dass man früher die Uhr als ein Abbild der göttlichen Ordnung gesehen hat.»

«Das war im fünfzehnten Jahrhundert. Aber allmählich verlor die Uhr ihren sakralen Charakter, bis sie im achtzehnten Jahrhundert zu nichts als einem Automaten wurde. Heute sieht niemand mehr eine Verbindung zwischen der Uhr und Gott.»

«Mit der ewigen, göttlichen Zeit bin ich noch nie in Berührung gekommen.»

«Das sollten Sie aber versuchen. Wie Sie sich vorstellen können, hat gerade sie für unsere seelische Entwicklung eine grosse Bedeutung.»

«In welcher Weise?»

«Unsere seelische Entwicklung ist ja nicht nur auf unsere jetzige Lebenszeit auf der Erde beschränkt, denn diese ist kurz. Die seelische Entwicklung dehnt sich auch auf das aus,

1. Christlicher Theologe und Philosoph, 354–430 n. Chr.
2. Bedeutendster deutscher Mystiker des Mittelalters, 1260–1327 n. Chr.

was vorher war und was nachher kommt – was immer gewesen ist und immer sein wird.»

«Glauben Sie an ein Leben nach dem Tod?»

«Für mich ist diese Vorstellung schon zu spezifisch. Ich glaube einfach, dass unsere Zeit nicht nur auf dieses Leben beschränkt ist. Ich habe keine Vorstellungen davon, was nach dem Tod konkret sein wird.»

«Ehrlich gesagt, so habe ich mich nie mit dieser Frage befasst. Aber was Sie mir da erzählen, ist ja nur Ihre persönliche Ansicht.»

«Kein Mensch wird Ihnen in dieser Sache etwas anderes erzählen können als seine eigenen Gedanken. Die Wahrheit kennt niemand.»

«Wie sind Sie zu Ihrer Ansicht gekommen?»

«Ich spüre in jedem Menschen ein grosses Bedürfnis nach seelischer Entwicklung. Ich glaube, wir ahnen alle, dass wir schon in diesem Leben mit dem Ewigen verbunden sind, und die mühselige Arbeit, Lebenserfahrungen zu sammeln, nicht umsonst gewesen sein wird. – Jetzt sind wir an einem wichtigen Punkt angelangt. Darüber wird es noch viel zu sprechen geben, wenn wir über die Zukunft reden. – Aber vorher möchte ich Ihnen noch ein wenig von der Zeit als Phänomen erzählen. Zum Beispiel verläuft die Zeit kreisförmig, also zyklisch. Das erkennen wir am täglichen Sonnenlauf, an der sich regelmässig wiederholenden Bewegung der Gestirne und am Wechsel der Jahreszeiten. – Und wenn sich die Tage und Jahre wiederholen, warum nicht auch das Leben? Diese Vorstellung finden wir in vielen Religionen, besonders aber in der indischen Kultur, wo man an das sich ewig drehende Rad von Geburt und Tod glaubt – die Reinkarnation. – Wir drehen uns aber nicht nur im Kreis, sondern schreiten gleichzeitig auf der Strecke unseres Lebens fort in der linearen Zeit. Zum Beispiel wird uns erst am Geburtstag und Neujahr richtig bewusst, dass ein Jahr vergangen ist und ein neues beginnt. Der Kreis hat sich wieder einmal geschlossen. Trotzdem ist jeder auf seinem Lebensweg ein Stück weiter gekommen, zumindest ein Jahr älter geworden. – Was gewesen ist, kommt nie wieder. Alle historischen Ereignisse, auf die wir zurückblicken können, sind einmalig. Lineare und zyklische Zeit sind einerseits deutlich von einander zu unterscheiden, andererseits untrennbar miteinander verknüpft. Das können wir am besten bei der seelischen Entwicklung beobachten. Sie verläuft linear und nach indischen Religionsvorstellungen endet sie mit der Erleuchtung. Aber solange die Erleuchtung nicht eingetroffen ist, wiederholt sich das Leben durch die ewige Repetition im Zeitkreislauf. Also gibt die zyklische Zeit, d.h. die Wiederholung der Tage, Jahre – und nach indischen Vorstellungen – sogar des Lebens, uns Menschen immer wieder die Möglichkeit, Erfahrungen zu sammeln und ein Stück seelische Entwicklung durchzumachen. Wir können das Ganze als eine Spirale betrachten. Die Spirale vereinigt die lineare und zyklische Zeit, da sie gleichzeitig Kreisbewegungen und eine lineare Richtung enthält.»

«Heisst das, die Tage und Jahre wiederholen sich, aber wir kommen nie zurück zur selben Stelle?»

«Genau. – Jetzt, da wir etwas mehr über das Phänomen Zeit wissen, können wir auf Ihre Probleme zurückkommen. Sie haben vorhin gesagt, dass Sie Angst davor haben, irgendwann erschöpft zusammenzubrechen oder sogar einen Herzinfarkt zu bekommen. Stehen Sie unter starkem Stress?»

«Ja. Ich fühle mich von der Zeit gehetzt und verfolgt. Ich kann einfach meinen eigenen Rhythmus nicht finden.»

«Kennen sie den Zusammenhang zwischen Zeit, Zahl und Rhythmus?»

«Nein.»

«Zahl heisst auf griechisch arithmos. Das Wort Rhythmus, oder wie es auf griechisch heisst, rhythmos ist also mit arithmos – Zahl – verwandt. Die Beziehung zwischen Zeit, Zahl und Rhythmus erkennt man auch in der Konstruktion einer alten Pendeluhr. Die rhythmischen Pendelbewegungen zählen die Zeit und machen sie messbar. Bei der Quarzuhr sind es keine Pendelbewegungen mehr, sondern Schwingungen. Die Atomuhr vibriert sogar mit 24'000 Megaherz, also 24 Milliarden Schwingungen pro Sekunde.»

«Unglaublich.»

«Aber nicht nur die Uhren haben einen Rhythmus, sondern alle Lebewesen haben auch einen bestimmten inneren Rhythmus. Man spricht hier von einer inneren oder biologischen Uhr. Gewisse Tiere haben ein Zeitgefühl, wie z.B. die kleine Strandkrabbe, die ganz genau weiss, wann Ebbe und Flut einsetzen. Auch die Pflanzen haben eine innere Uhr. Viele Arten beginnen ihre Blüten mehrere Stunden vor Sonnenaufgang zu öffnen, auch wenn man sie künstlich im Dunkeln lässt.»

«Ich nehme an, dass auch wir Menschen eine innere Uhr haben.»

«Wir Menschen haben – gemäss der Lehre von der Biorhythmik – sogar drei innere Uhren: eine für den Körper, eine für den Geist und eine für die Seele. Jede hat ihren eigenen Rhythmus. Unsere seelische Uhr, zum Beispiel, unterscheidet sich grundsätzlich vom Rhythmus einer Uhr.»

«In welcher Weise?»

«Unser Rhythmus ist nicht konstant, sondern ändert sich je nach seelischer Verfassung. Das haben Sie sicher oft erlebt. Wenn Sie auf etwas warten müssen, das Sie kaum erwarten können, dann dehnen sich die Sekunden zu Minuten.»

«Zum Beispiel die Zeit beim Zahnarzt geht langsamer. Ich denke immer, hoffentlich ist es bald vorbei.»

«Und umgekehrt. Wenn Sie etwas machen, dass Ihnen sehr viel Spass macht, dann vergeht die Zeit viel schneller.»

«Das stimmt. Wenn ich auf Parties gehe, an denen ich interessante Leute treffe und mich amüsieren kann, dann merke ich gar nicht, wie die Zeit vergeht. Man meint, es sei gerade Mitternacht und schaut auf die Uhr, und es ist schon vier Uhr morgens.»

«Wenn Sie Probleme haben, Ihren eigenen Rhythmus zu finden, so liegt das daran, dass Sie zu viel auf Ihre Uhr schauen.»

«Trotzdem muss ich mich nach der Uhr richten. Meine Arbeit fängt immer um acht Uhr an. Ich kann nicht einfach ins Büro kommen, wann es mir gerade gefällt.»

«Trotz vieler Verpflichtungen, sollten wir uns vermehrt nach der inneren Uhr richten. Die subjektive Zeitwahrnehmung wird meistens als eine Täuschung und Verfälschung der «objektiven» Uhrzeit angesehen, und man zwingt sich deshalb, mit der Uhrzeit zu gehen. So zerhackt die Uhrzeit den eigenen Rhythmus und unser Seelenleben kommt aus dem Gleichgewicht.»

«Sehen Sie, ich habe eine schöne Uhr, aber ich habe keine Zeit. Also gebe ich meine Uhr her und nehme mir die Zeit. Nicht wahr?»

«Genau. Die «objektive» Uhrzeit darf nicht unabhängig von Ihrem Seelenleben als Mass aller Dinge gelten. Lassen Sie in Zukunft Ihren Rhythmus frei schwingen. Nur so können Sie ihn wieder finden.»

«Also muss ich das nächste Mal, sobald ich in Stress komme oder mich gehetzt fühle, aufhören, die Uhrzeit zu beachten und mich auf meine innere Uhr einstellen.»

«Stress und Hetze sind eindeutige Symptome dafür, dass wir unseren eigenen Rhythmus nicht beachten.»

«Soll ich einfach meine wichtigen Aufgaben liegen lassen? Alles Unerledigte liegt mir doch auf dem Magen – und das gibt Stress.»

«Wenn Sie sich zu viel vorgenommen haben, müssen Sie das Mass reduzieren. Denn wenn Sie erst einmal einen Herzinfarkt haben, bleibt Ihre Arbeit erst recht liegen.»

«Da haben Sie recht.»

«Beachten Sie Ihren Körper. Wenn Ihr Puls schneller schlägt, Ihr Blutdruck steigt, Ihr Magen unruhig und Ihre Hände feucht und kalt werden oder wenn Sie sich einfach unwohl fühlen, haben Sie mit Sicherheit Ihren Rhythmus verloren. Versuchen Sie dann, bewusst etwas dagegen zu tun, zum Beispiel indem Sie sich entspannen.»

Ich merkte, dass meine Hände ganz kalt waren. Ich hatte mich während des Geprächs die ganze Zeit angespannt. Aber wovor hatte ich Angst? Es war doch ein angenehmes Gespräch, und ich hatte Vertrauen zu ihm. – Ich atmete dreimal tief durch und versuchte, mich zu entspannen.

Der ganzheitliche Ansatz

«Ich werde Ihnen nachher zeigen, wie Sie Ihren Stress bewältigen können. Zuerst möchte ich wissen, wo Sie im Leben stehen. Sicher kennen Sie das klassische Bild von den Lebensstufen des Menschen, die wie eine Treppe zuerst hinauf und dann hinunter gehen. Auf welcher Stufe stehen Sie nach Ihrer Einschätzung?»

«Ich würde sagen ganz oben auf der höchsten Stufe. – Jetzt verstehe ich, warum mir alles so sinnlos vorkommt. Es geht ja nur noch bergab.»

«Sie meinen, dass Ihr Leben seinen Sinn verloren hat, weil auf der obersten Stufe der Tod plötzlich am Horizont aufgetaucht ist und in bedrohliche Nähe rückt?»

«Was hat es schon für einen Sinn, wenn man nur noch langsam dahin siecht und der Tod einem zuwinkt?»

«Mit dieser Einstellung tun Sie dem Leben Unrecht. Auch die zweite Lebenshälfte hat ihre Reize. Das Leben kann mit dem Lauf der Sonne verglichen werden. Die Morgendämmerung ist ebenso schön wie der Sonnenuntergang. Wenn wir die Möglichkeiten der zweiten Lebenshälfte nicht erkennen, landen wir oft in einer Krise.»

«Ich habe also die berühmte Krise der Lebensmitte?»

«Ja, und jetzt ist es sehr wichtig, dass Sie diesen Wechsel von der ersten in die zweite Lebenshälfte schaffen. In der ersten Lebenshälfte haben Sie Ihre Existenz aufgebaut, Ihre Familie gegründet und sich einen Platz in der Gesellschaft erobert. Diese Orientierung nach aussen führte zwangsläufig dazu, dass Ihre eigene seelische Entwicklung zu kurz kam.»

«Jetzt käme also die Zeit, wo ich mich vermehrt nach innen orientieren und mich besinnen sollte?»

50
40
60
30
70
20
80
90

«Nur so finden Sie den Sinn im Leben wieder.»

«Was passiert, wenn ich diesen Wechsel in die zweite Lebenshälfte nicht machen will? Ich möchte lieber, dass es so wird, wie es früher war.»

«Das Rad der Zeit können Sie nicht zurückdrehen. Es wird nie mehr wie früher. Damit müssen Sie sich abfinden. Wenn Sie die zweite Lebenshälfte nicht akzeptieren, verwerfen Sie Ihre ganze Zukunft. Sie würden wahrscheinlich versuchen, in der Vergangenheit zu leben. Aber dort gibt es kein Leben.»

«Wie mein Vater.»

«Was war mit Ihrem Vater?»

«Er hat – genau wie Sie sagen – nur von der Vergangenheit geredet, von der grossen Zeit, als noch was los war. Jedes Gespräch mit ihm endete früher oder später bei seinen tollen Erlebnissen und Erfahrungen. Mit dem Alter wurden seine Geschichten immer besser. Man hätte glauben können, dass er ein ganz fantastisches Leben geführt hatte. Dabei stimmte das gar nicht. Eigentlich war er verbittert und konnte nichts geniessen. Ich hatte oft das Gefühl, er versuche sich mit seinen Geschichten zu beweisen, was für ein toller Kerl er gewesen sei. Es macht mich richtig traurig, an ihn zu denken.»

«Es ist sehr traurig, denn das Leben ist nur halb verstanden, wenn wir nur die Vergangenheit sehen. Wenn wir nur zurückblicken, könnten wir ebensogut schon längst gestorben sein. Ein Lebender hat nicht nur ein Gestern, sondern auch ein Morgen. Das Heute können wir nur dann verstehen, wenn wir zu dem, was wir von Gestern wissen, noch die Ansätze von Morgen hinzufügen können.»

«Sie meinen, wir können nur dann in der Gegenwart leben, wenn wir neben der Vergangenheit auch eine Zukunft haben?»

«Ohne den Blick auf die Zukunft sind Vergangenheit und Gegenwart nicht zu sehen. Wenn die Vergangenheit nicht verstanden wird, können weder Zukunft noch Gegenwart gestaltet werden. Wenn die Gegenwart nicht wahrgenommen wird, werden Zukunft und Vergangenheit bedeutungslos. Zukunft, Vergangenheit und Gegenwart gehören aufs Engste zusammen und nur wenn Sie alle drei vereint haben, finden Sie den Schlüssel zu Ihrem Seelenleben. Für eine sinnvolle Lebensgestaltung ist diese gesamtheitliche Betrachtungsweise der Zeit eine Voraussetzung. Je klarer und deutlicher Sie Zukunft, Vergangenheit und Gegenwart in ihrem Mit- und Zueinander sehen, desto mehr regen Sie Ihre seelische Entwicklung an.»

«Bedeutet dieser gesamtheitliche Ansatz, dass ich mich nur mit meiner Zukunft, Vergangenheit und Gegenwart auseinandersetzen muss, um mein Leben wieder in Ordnung zu bringen?»

«Um es ganz konkret zu sagen: Sie müssen für Ihre Zukunft Ziele bestimmen, die Sie für sinnvoll und anstrebenswert halten. Auf die Verwirklichung dieser Ziele soll dann Ihr Handeln und Tun in der Gegenwart ausgerichtet sein. Ihre Vergangenheit beherbergt alle Ihre Erfahrungen und bildet sozusagen die Basis, auf der Sie in der Gegenwart stehen. Welchen Weg Sie für die Verwirklichung Ihrer Ziele in der Gegenwart wählen, hängt dann von Ihren Erfahrungen aus der Vergangenheit ab.»

«Klingt einfach.»

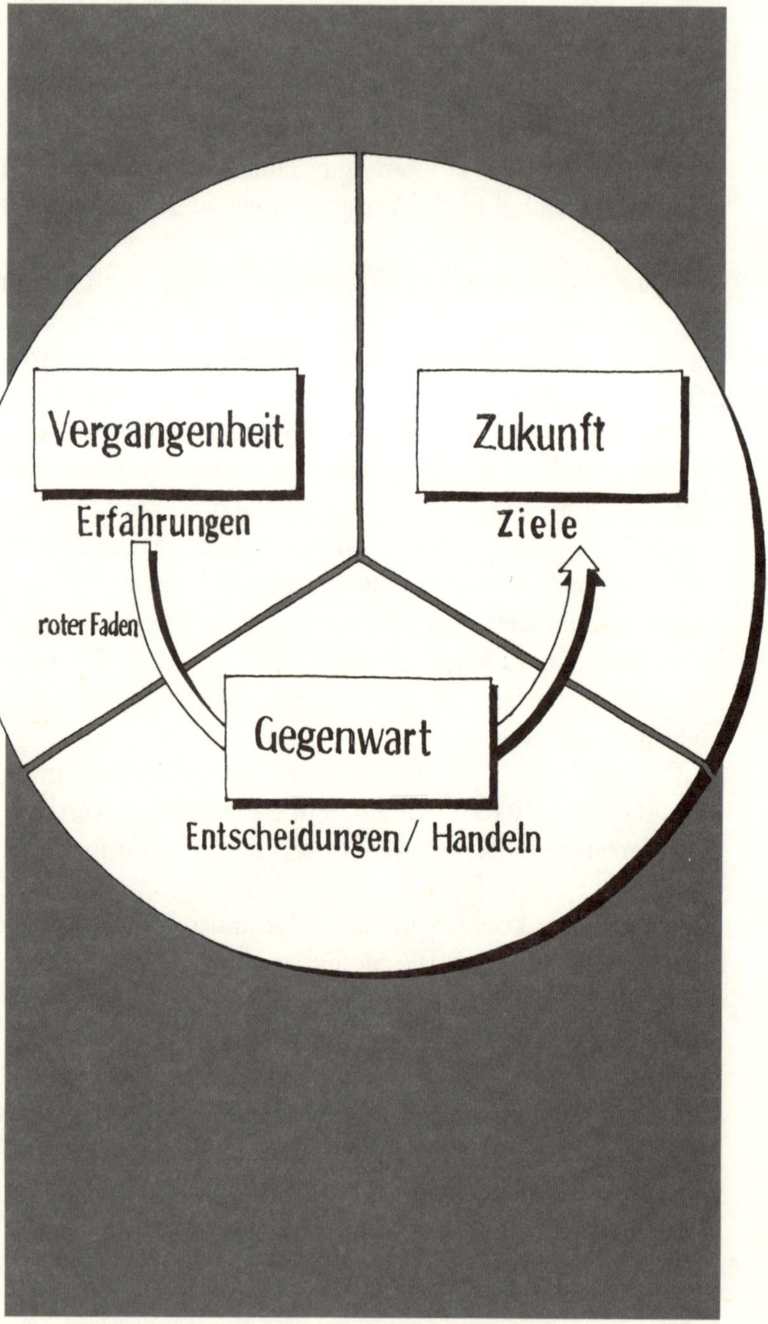
Vergangenheit
Erfahrungen
Zukunft
Ziele
roter Faden
Gegenwart
Entscheidungen / Handeln

«Ich kann es noch einfacher sagen: Um Ihrem Leben einen Sinn zu geben, sollten Sie versuchen, Zukunft, Vergangenheit und Gegenwart zu einer sinnvollen Einheit zusammenzuschmelzen. Dann können Sie gemäss aller Ihrer bisherigen Erfahrungen Ihre Zeit so einsetzen, dass Sie fühlen, wie Sie Ihren Zielen jeden Tag näher kommen.»

«Klingt fast zu einfach.»

«Nein, nur die Idee ist einfach. Sie lässt sich leicht schematisch darstellen.»

Er nahm den Schreibblock und machte schnell eine Skizze.

«Wenn wir es geschafft haben, Zukunft, Vergangenheit und Gegenwart zu einer harmonischen, kreisförmigen Einheit zusammenzuschmelzen, dann zieht sich ein roter Faden durch unser Leben.»

«Einfach so?»

«Das Leben bildet eine enorme Vielfalt von Erfahrungen und Möglichkeiten und ist als Ganzes nicht leicht zu überblicken. Wenn Sie sich mit Ihrer Zukunft, Vergangenheit und Gegenwart auseinandersetzen, werden Sie am Anfang nur abgerissene Fäden und Verwirrung sehen. Je mehr Sie aber Ihren Blick auf die Zeit heften, desto mehr wird sich die Verwirrung auflösen und die Fäden werden sich wieder verknüpfen.»

«Es braucht also Zeit, um mit der Zeit richtig umzugehen.»

«Ja, Sie können aber, um sich die Entschlüsselung dieses Sinnzusammenhanges zu erleichtern, ein wichtiges Hilfsmittel einsetzen, nämlich das Zeitplanbuch.»

«Ein Zeitplanbuch?»

«Ja. Kennen Sie es nicht?»

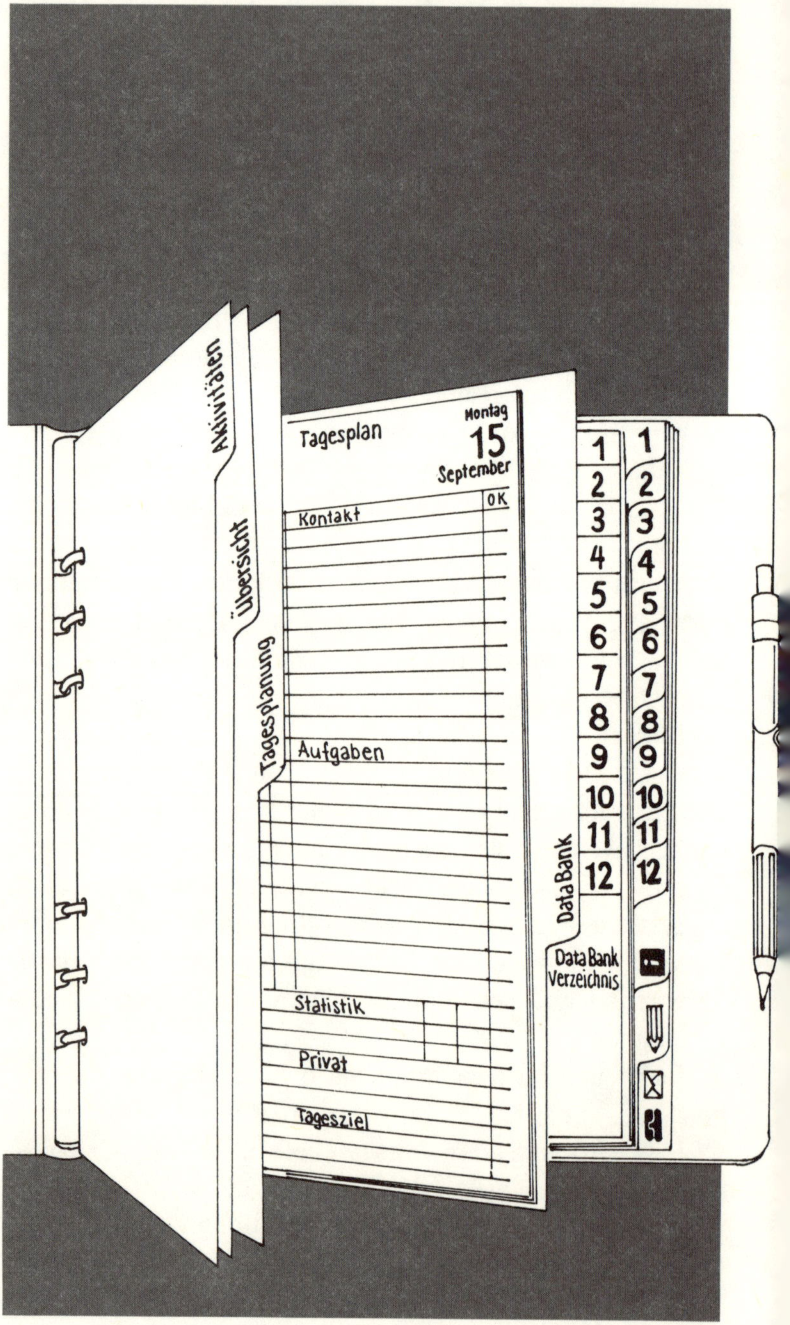

Aktivitäten
Übersicht
Tagesplanung
Tagesplan
Montag
15
September
Kontakt
OK
Aufgaben
Statistik
Privat
Tagesziel
Data Bank
Data Bank Verzeichnis
1
2
3
4
5
6
7
8
9
10
11
12

Ich schüttelte den Kopf, worauf er zu seinem Schreibtisch ging und mit einer Mappe in der Hand zurückkam.

«Schauen Sie, das ist mein Zeitplanbuch. Es besteht aus einem Ringbuch mit Register. Die zwei wichtigsten Abschnitte sind das Register von 1 bis 12 und die Tagesplanung.»

«Wozu dient das numerische Register?»

«Es kommt vor allem bei der Gestaltung der Zukunft, sowie bei der Auseinandersetzung mit der Vergangenheit zum Einsatz.»

«Und die Tagesplanung?»

«Die Tagesplanung hat ein Kalenderblatt für jeden Tag. Hier wird die Gegenwart gestaltet.»

«Können Sie mir das genauer erklären?»

«Ja, das nächste Mal. Ich empfehle Ihnen, sich auch so ein Zeitplanbuch anzuschaffen, dann können Sie alle Ihre Erfahrungen und Erkenntnisse aus unseren Gesprächen systematisch in die Praxis umsetzen.»

«Das heisst, ich hätte etwas in der Hand, was ich nicht nur hier, sondern auch im täglichen Leben einsetzen könnte?»

«Ja.»

«Das wäre gut.»

«Schön, dann sehen wir uns nächste Woche.»

Zusammenfassung

Am gleichen Abend machte ich mir Gedanken über das Gespräch und führte mir nochmals alle meine wichtigen Erkenntnisse vor Augen.

*** Ich habe das Problem**

In Zukunft werde ich keinem Menschen oder sonstigen äusseren Umständen mehr die Schuld geben, wenn ich mit meiner Zeit nicht zurecht komme. Ein Finger zeigt nach vorne, aber drei Finger zeigen auf mich zurück.

Lieber Leser, wie werden Sie es in Zukunft machen? – Weiterhin die Schuld auf andere schieben und sich jeder Möglichkeit der Veränderung widersetzen? – Sicher nicht.

Überlegen Sie sich drei typische Situationen aus Ihrem Leben, in denen Sie mit der Zeit nicht zurecht kamen. Wem oder was gaben Sie die Schuld? Was war der eigentliche Grund?

Situation
Beispiel: Ich kam zu spät zum Abendessen.
1. ____
____
2. ____
____
3. ____
____

Wem gab ich die Schuld
Beispiel: Einem wichtigen Kunden, den ich unbedingt betreuen musste.
1. ____
____
2. ____
____
3. ____
____

Der eigentliche Grund
Beispiel: Er hat mich zu einem Bier und zu einem Schwatz eingeladen und ich habe nicht nein gesagt.
1. ____
____
2. ____
____
3. ____
____

*** Die seelische Entwicklung**

Ich hatte bisher überhaupt sehr wenig für meine seeliche Entwicklung getan. Wie sieht es bei Ihnen aus? Zeichnen Sie eine Linie, die den Verlauf Ihrer seelischen Entwicklung von Ihrer Geburt bis zum heutigen Tag darstellt, und markieren Sie den Punkt, wo Sie jetzt gerade stehen. Ergänzen Sie dann die Linie, wie sie für die Zukunft verlaufen soll.

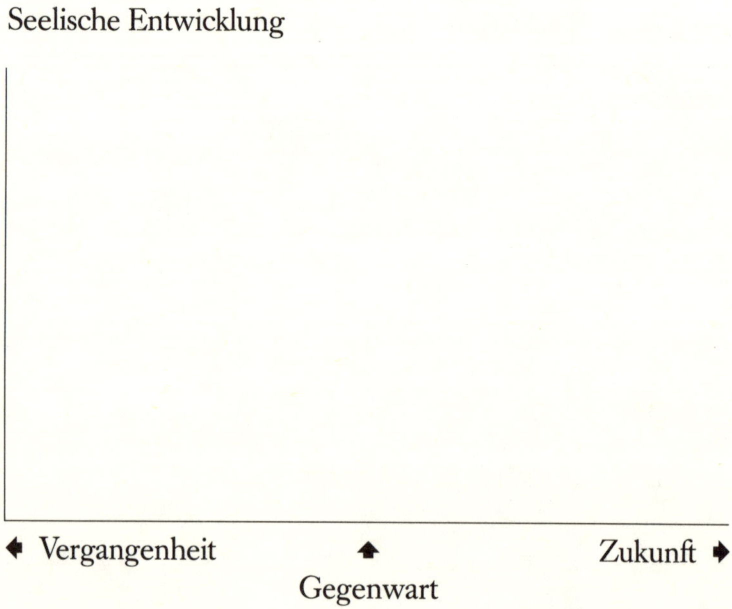

*** Die innere Uhr**

Wie oft habe ich meinen eigenen Rhythmus nicht beachtet. In Zukunft werde ich besser darauf achten. Wie können Sie erkennen, dass Sie Ihre innere Uhr nicht beachten?

Symptome?
Beispiel: Ich rege mich unheimlich auf.
1. ______________________________

____
2. ______________________________

____
3. ______________________________

____

Situation?
Beispiel: Wenn ich in Eile bin und im Verkehr stecken bleibe.
1. ______________________________

____
2. ______________________________

____
3. ______________________________

____

Was kann ich tun?
Beispiel: Mich mit der Situation abfinden.
1. ______________________________

____
2. ______________________________

____
3. ______________________________

____

*** Die Lebensphasen**

Es gibt drei wichtige Lebensphasen. Entweder man ist in der ersten Lebenshälfte oder in der zweiten Lebenshälfte, oder man steht – so wie ich – genau dazwischen, und muss den Übergang schaffen. – Wo stehen Sie?

☐ In der ersten Lebenshälfte
☐ In der zweiten Lebenshälfte
☐ Dazwischen

*** Der ganzheitlich Ansatz**

Mit der Zukunft hatte ich echt Mühe. Für mich hatte das Leben keine sinnvollen Ziele mehr. Wie sieht es bei Ihnen aus? Haben Sie Probleme mit mit den drei zeitlichen Aspekten? Wenn ja, welche?

☐ Zukunft
Beispiel: Ich habe keine sinnvollen Ziele, für die ich meine Zeit und Energie investieren möchte.

____

____

☐ Vergangenheit
Beispiel: Ich habe Kindheitserlebnisse, mit denen ich bis heute nicht fertig geworden bin.

____

____

☐ Gegenwart
Beispiel: Ich komme nie zu dem, was ich mir vorgenommen habe. Immer kommt etwas dazwischen.

____

____

Zweite Stunde: ZUKUNFT

Ich klingelte an der Türglocke. Diesmal war ich genau auf die Minute pünktlich. Unter meinem Arm trug ich mein neues Zeitplanbuch. Mein Zeitberater öffnete die Tür und bald sass ich wieder im grossen Sessel.

«Worüber möchten Sie heute reden, über die Zukunft oder über die Vergangenheit?»

«Zukunft.»

«Haben Sie einen bestimmten Grund dafür?»

«Es erscheint mir wichtiger.»

«Warum?»

«Weil sie noch offen vor mir liegt und ich sie beeinflussen kann. Die Vergangenheit ist vorbei und ich muss mich mit ihr abfinden.»

«Gut. – Haben Sie nach der ersten Sitzung etwas Besonderes geträumt?»

«Ja, etwas ganz Komisches.»

«Erzählen Sie.»

«Also: Ich ging auf einer Landstrasse, herrliche Natur um mich herum. Ich glaube, es war in einem grossen Wald, in dem ich mich irgendwie verirrt hatte. Ich kam zu einer Weggabelung und wusste nicht, ob ich nach links oder rechts gehen sollte. Plötzlich stand ein alter Mann mit einem langen Bart am Wegrand. Er zeigte auf den Weg nach links. Da er eine Sense hatte, nahm ich an, dass er ein Bauer sei, und dass der Weg zu seinem Dorf führen würde, wo ich etwas zu Essen bekommen könnte. – Dann wachte ich auf.»

«Was hatten Sie im Traum für ein Gefühl?»

«Ein gutes.»

Der Tod als Freund

«Der alte Mann in Ihrem Traum ist sehr wichtig. Er hat Ihnen den richtigen Weg gezeigt. Kannten Sie ihn oder haben Sie eine Vorstellung, wer er sein könnte?»

«Nein, ich habe ihn noch nie gesehen. Es muss irgendein Bauer gewesen sein, weil er eine Sense bei sich hatte.»

«Was macht ein Bauer im Wald mit einer Sense?»

«Das ist komisch, stimmt, aber ich habe mir gedacht, dass die Felder irgendwo in der Nähe seien.»

«Ich glaube es war kein Bauer, sondern der griechische Gott Kronos.»

«Kronos?»

Er bückte sich und holte ein dickes Buch, das neben seinem Sessel auf dem Boden in einem ganzen Stapel von Büchern lag. Er zeigte mir ein Bild von Kronos.

«Die Griechen stellten ihn als alten Mann mit einer Sense dar. Ursprünglich war er der Urgott, der Erschaffer des Seins. Aber er war auch der schreckliche Zerstörer. Später wurde er immer destruktiver. Die Sense zeigt, dass er alles dahinrafft. Er verschlang sogar seine eigenen Kinder. Deshalb hat ihn sein Sohn Zeus dann abgesetzt.»

«Chronos heisst ja auf griechisch Zeit. Gibt es da einen Zusammenhang?»

«Ja, Kronos ist der Gott der Zeit. Sie können das auch an der Sanduhr erkennen, die er in der Hand hält. Seine Sanduhr mahnt uns an unsere Vergänglichkeit. Seine destruktive Seite ist der negative Aspekt der Zeit – die Zeit, die alles verschlingt und dahinrafft.»

«Dann steht er ja für den Tod.»

«Richtig, im Mittelalter wurde er als Tod dargestellt, als Skelett in einer Kutte und mit einer Sense in der Hand. Er war nur noch die Personifikation des dunklen Aspektes der Zeit.»

«Heisst das, er zeigt mir im Traum den Weg in den Tod? Das ist ja unheimlich.»

«Keine Angst. Sie müssen ihn einfach als «Vater Zeit» betrachten. Wenn er den Tod verkörpert, dann ist er auch das Leben. Sie dürfen nicht vergessen, dass Kronos auch eine zeugende Kraft besitzt.»

«Wie kann er auch das Leben verkörpern?»

«Tod und Leben sind von einander nicht zu trennen. Ohne Leben könnte es den Tod nicht geben. Und ohne den Tod gäbe es kein Leben. Stellen Sie sich ein Leben ohne Tod vor. Würden Sie sich das wünschen?»

«Warum nicht?»

«Wäre das nicht Erstarrung? Würden Sie überhaupt Ihr Leben zu schätzen wissen? Würden Sie etwas anders als Langweile kennen? Der Tod ist ein Aspekt des Lebens. Und ohne den Tod gäbe es auch die Zeit nicht. Der Tod gibt die Zeit frei.»

«Sie meinen, ich kann nicht leben, wenn ich nicht sterben kann. Ich kann nicht sterben, wenn ich vorher nicht gelebt habe?»

«Ja. Der Gott, der über den Tod entscheidet, entscheidet auch über das Leben.»

«Also zeigt er mir im Traum den Weg zum Leben?»

«Ja. Aber damit zeigt er Ihnen auch den Weg zum Tod.»

«Das heisst, dass die Zukunft der Weg in den Tod ist?»

«Das Leben, aber vor allem die zweite Lebenshälfte, kann als eine Vorbereitung auf den Tod gesehen werden. Es ist so, auch wenn Ihnen das nicht gefällt. Sie sehen nur den negativen Aspekt des Todes, weil Sie an den körperlichen Zerfall denken. Dabei vergessen Sie aber, dass Ihre Seele einem solchen Niedergang nicht unterliegt. Ihre Entwicklungsmöglichkeiten sind unbegrenzt.»

«Mir läuft es kalt den Rücken hinunter. Wie kann ich den Tod als etwas Positives akzeptieren?»

«Wir haben alle Angst vor dem Leid, dem Schmerz und dem Nichts, das der Tod mit sich bringt. Aber wir müssen lernen, den Tod als unseren Freund anzusehen.»

«Ich bin bereit, vor dem Tod grossen Respekt zu haben. Aber wärmere Gefühle bringe ich für ihn nicht auf. – Jetzt möchte ich wissen, was mein Traum bedeutet.»

«Versuchen Sie ihn doch mal selbst zu deuten. Ich glaube, Sie können es.»

«Ich habe mich verirrt und stehe vor einer Entscheidung. Soll ich nach links oder nach rechts gehen? Kronos steht am Wegrand. Er, der Tod, zeigt mir, wo ich das Leben finde.»

«Sehr gut. Der Tod löst also Ihr Problem. Durch ihn finden Sie wieder Zugang zum Leben. Sie müssen ihn nur beachten und sich seiner bewusst werden.»

«Ich sollte in Zukunft mehr auf den Tod achten?»

«Sagen wir lieber, Sie müssen ihn bei der Gestaltung Ihrer Zukunft besser beachten.»

«Wie denn?»

«Der Tod gibt uns eine Grenze. Ohne den Tod hätten wir keinen Grund, irgendwelche Prioritäten im Leben zu setzen. Wir könnten nicht einmal entscheiden, was für uns wichtig wäre und was nicht. Wir würden uns verzetteln. Der Tod hilft uns, das Wichtigste im Leben zu erkennen und unsere Zukunft auf sinnvolle Ziele auszurichten.»

«Das ist mir zu hoch. Da komme ich nicht mit.»

«Machen wir eine kleine Übung. Eine kleine Imagination. Ich werde Ihnen eine Geschichte erzählen und Sie sollen dazu fantasieren. – Schliessen Sie Ihre Augen und entspannen Sie sich.»

Ich atmete dreimal tief durch.

«Ich fange an. Stellen Sie sich vor, dass Sie sich genau auf dem Fleckchen Erde befinden, wo Sie am liebsten sind ... zusammen mit den Menschen und Dingen, die Sie am meisten mögen ... Sie sind in Ihrer besten Stimmung. ... Wo es Ihnen gerade so gut geht, hören Sie eine Stimme, die ganz leise Ihren Namen ruft. Sie lauschen. Die Stimme wird deutlicher. Sie klingt traurig. Sie sagt: «Lieber Freund, ich habe eine Botschaft für Dich. Du wirst in einem Jahr sterben. Du wirst aber für Deine restliche Zeit bei bester Gesundheit bleiben und wirst auch keine finanziellen Probleme haben.» Die Stimme verstummt. – Diese Botschaft trifft Sie wie ein Blitz aus heiterem Himmel. Sie wollen darüber nachdenken. Sie gehen zu einem Platz, wo Sie ganz allein und ungestört sind. ... Das Licht ist gedämpft, und es ist angenehm warm. ... Es bleibt Ihnen nur noch ein Jahr zu leben. ... Was bedeutet das für Sie? ... Was wollen Sie in diesem letzten Jahr tun? ... Was ist Ihnen wirklich wichtig? ... Mit welchen Menschen möchten Sie zusammen sein? ... Haben Sie eine Antwort auf diese Fragen gefunden? Bleiben Sie in Ihrer Imagination, und erzählen Sie mir bitte, wie Sie Ihr letztes Jahr verbringen würden. Lassen Sie dabei Ihre Augen geschlossen.»

Es war ganz still im Raum. Ich dachte eine Weile nach, bevor ich meine Antwort gab.

«Ich glaube, ich würde meine Arbeit so schnell wie möglich abschliessen. Vielleicht ein bis zwei Monate, um alles zu regeln. Projekte übergeben, Nachfolger bestimmen, Büro räumen. Auch privat würde ich die Dinge in Ordnung bringen. Die finanzielle Sicherung von Frau und Kindern, das Testament, Abschied nehmen von allen Freunden und Bekannten und alle Leute informieren. Dann wäre ich frei. Für die restliche Zeit würde ich mit meiner ganzen Familie eine grosse Weltreise machen, von der ich schon lange geträumt habe. Wir würden von einem schönen Ort zum anderen fahren und viel Freude haben. Und ich könnte noch alles sehen, bevor ich sterbe.»

«Gut. Begeben Sie sich in Ihrer Fantasie wieder zurück an den Platz, wo Sie ungestört über Ihr Leben nachdenken konnten. Dort hören Sie dieselbe leise Stimme nochmals. Ganz sanft flüstert sie Ihren Namen. Aber die Stimme ist noch trauriger als das erste Mal. Sie wispert: «Lieber Freund, die Sache ist schlimmer. Du hast nur noch einen Monat zu leben. Doch bei bester Gesundheit und ohne finanzielle Sorgen.» Die Stimme verstummt. Jetzt wissen Sie, dass Ihnen nur noch ein Monat zu leben bleibt. ... Wie wollen Sie diesen letzten Monat in Ihrem Leben ausfüllen? ... Was ist für Sie jetzt noch von Bedeutung? ... Welche Menschen sind Ihnen wirklich wichtig? ... Wenn Sie auf diese Fragen Ihre Antwort gefunden haben, sagen Sie sie mir bitte. Aber steigen Sie noch nicht aus der Imagination aus.»

Wiederum diese Stille. Dann sagte ich:

«Ich würde sofort meine Arbeit an den Nagel hängen und

nicht mehr ins Büro gehen. Die Weltreise würde ich auch nicht mehr machen, dafür ist ein Monat zu kurz. Ich würde mit meiner Frau und den Kindern Zuhause bleiben und meine restliche Zeit nur mit ihnen verbringen. Wir würden alle füreinander da sein. Vor allem der Kontakt zur meiner Frau wäre sehr wichtig. Wir würden uns aussprechen, aufeinander eingehen und lieb zueinander sein.»

«Versetzen Sie sich wieder an den Platz zurück, wo Sie über Ihr Leben in Ruhe nachdenken können. Nochmals hören Sie diese leise Stimme. Sie ruft nach Ihnen und Sie lauschen. Diesmal ist die Stimme ganz traurig. Sie sagt: «Lieber Freund, die Sache ist ganz schlimm. Du hast nicht mehr einen Monat zu leben, sondern nur einen einzigen Tag.» Die Stimme verstummt und Sie haben eine dritte Botschaft erhalten. Sie haben nur noch einen Tag zu leben. ... Wie wollen Sie diesen Tag verbringen? ... Was würden Sie noch tun? ... Mit wem würden Sie noch zusammen sein? ... Wo würden Sie Ihren letzten Tag verbringen? ... Wenn Sie Ihre Antwort kennen ...»

«Ich würde mich einschliessen und nur bei mir selbst sein.»

Diese Antwort kam ganz plötzlich und unerwartet aus mir heraus. Ich konnte sie nicht verstehen. Aber sie kam aus der Tiefe. Ich war so überrascht über meine Reaktion, dass ich gar nicht merkte, dass ich die Augen geöffnet hatte.

«Schliessen Sie bitte Ihre Augen nochmals und begeben Sie sich dorthin, wo Sie sich einschliessen, um über sich selbst nachzudenken. Wie Sie gerade in Ihre Gedanken versunken sind, nehmen Sie wieder diese leise Stimme wahr, die ganz sachte Ihren Namen ruft. Doch diesmal klingt die Stimme anders. Sie ist nicht mehr traurig, sondern fröhlich.

Sie sagt: «Lieber Freund, ich habe eine erfreuliche Botschaft für Dich. Es war ein Versehen. Du wurdest mit jemandem verwechselt. Wann Dein Tag kommt, ist noch ungewiss.» Die Stimme verstummt. Das war die letzte Botschaft. ... Trotz der erfreulichen Nachricht bleiben Sie noch für eine Weile in dem Raum, in den Sie sich eingeschlossen hatten. Sie wollen ungestört über diese letzte Botschaft nachdenken. ... Was wollen Sie mit dem Rest Ihres Lebens jetzt anfangen? ... Was ist für Sie wirklich wichtig? ... Welche Menschen sind Ihnen wirklich wichtig? ... Wie soll Ihr Leben jetzt aussehen? ... Was hat sich gegenüber Ihren vorherigen Überlegungen geändert?»

Nach kurzem Zögern, sagte ich:

«Ich würde wieder arbeiten. Im Prinzip würde ich weiterleben wie bisher.»

«Würde sich nichts verändern?»

«Doch. Ich habe immer gedacht, dass meine Arbeit sehr wichtig für mich sei. Es hat mich erstaunt, dass ich sie als erstes ablegen würde. Und die grosse Bedeutung meiner Familie hat mich überrascht.»

«Also, was hat sich geändert?»

«Meine Einstellung. Ich habe erkannt, welchen Stellenwert Beruf und Familie in meinem Leben einnehmen. Meine Familie ist für mich wichtiger als mein Beruf und alles andere. Ich werde versuchen, in Zukunft meine Prioritäten anders zu setzen.»

«Sehen Sie. Diese Imagination hat Sie gezwungen, Prioritäten zu setzen. Je kürzer die Zeit war, die Ihnen zum Leben blieb, desto mehr waren Sie gezwungen, sich nur auf das Allerwichtigste zu konzentrieren.»

«Aber meine Antwort auf die dritte Botschaft habe ich nicht verstanden. Sie kam ungewollt.»

«Was glauben Sie, ist Ihre höchste Priorität im Leben?

«Ich selbst?»

«Ja.»

«Das ist doch egoistisch.»

«Mit Egoismus hat es nichts zu tun. Sie haben ein Leben geschenkt bekommen. Ihre wichtigste Aufgabe liegt darin, Ihre Möglichkeiten zu entfalten. Dafür brauchen Sie Zeit für sich selbst. Ihr Alltag sieht wahrscheinlich ganz anders aus: Die wenige Zeit, die Ihnen nach der Arbeit übrig geblieben ist, verbringen Sie mit Ihrer Familie. Und für sich selbst haben Sie wahrscheinlich kaum je Zeit.»

«Ich habe doch meine Verpflichtungen.»

«Ihre grösste Verpflichtung ist die Verantwortung für Ihr eigenes Leben. Niemand wird Ihnen danken, wenn Sie sich für andere opfern. Man wird es Ihnen eher zum Vorwurf machen.»

«Wieso denn das?»

«Wenn Sie sich selbst vernachlässigen, dann kommt Ihre seelische Entwicklung zu kurz, mit dem Ergebnis, dass Sie launisch, irritiert und unausgeglichen sind. Zeit für sich selbst zu nehmen, ist die Voraussetzung für echte, auf Gegenseitigkeit beruhende Beziehungen. Als seelische Krüppel finden wir keinen Platz in der Gemeinschaft.»

«Die Leute werden also mehr von mir haben, wenn ich mir mehr Zeit für mich nehme? Klingt paradox.»

«Es geht hier um Qualität und nicht um Quantität. Wenn Sie einen ganzen Tag mit Ihrer Familie verbringen, heisst das noch lange nicht, dass sie etwas von Ihnen hat.»

«Wenn ich mich ganz daneben benehme, wünschen die vielleicht, dass ich wieder ins Büro fahre.»

«Ja, fünf Minuten intensive Beziehung ist besser als einen ganzen Tag lang ohne wirkliche Beziehung zusammen zu sein.»

Der Konflikt zwischen Beruf und Familie ist stets ein Hauptproblem gewesen. Immer habe ich ein schlechtes Gewissen gehabt, weil Frau und Kinder zu kurz kamen. Ich glaubte, ich könne das Problem nur dann lösen, wenn ich mir mehr Zeit für die Familie nehme. Aber die Zeit hatte ich nie. – Nun sehe ich es anders. Das Problem war nicht, dass ich nicht genug Zeit für meine Familie hatte, sondern dass ich die Zeit nicht zu nutzen wusste. – Endlich sehe ich einen Ausweg aus dem Konflikt.

Die Möglichkeiten im Leben

«Wenn ich mir in Zukunft mehr Zeit für mich selbst nehme, womit soll ich diese Zeit ausfüllen?

«Mit Ihren Möglichkeiten im Leben.»

«Welche Möglichkeiten?»

«Sie verfügen über einen grossen Schatz von Anlagen, die mehr oder weniger verdeckt in Ihnen schlummern. Das sind Ihre Neigungen, Interessen, Fähigkeiten und Talente. Sie zu bergen, sollte Ihr Lebensinhalt werden.»

«Machen wir uns das Leben nicht unnötig schwer, wenn wir so viel über uns selbst nachdenken? Das Leben geht doch auch so weiter. Und übrigens: Was ich nicht weiss, macht mich nicht heiss. – Ehrlich gesagt, ich fühle mich überfordert. Ich habe genug am Hals und jetzt muss ich mich auch noch um mich selbst kümmern.»

«Ich möchte mit Ihnen das Gleichnis von den anvertrauten Geldern besprechen. Kennen Sie es?»

«Nein.»

«Ein Mann, der sich auf eine lange Reise begeben wollte, verteilte sein Vermögen unter seinen drei Knechten. Der erste Knecht, der fünf Talente bekam, investierte sein Geld so, dass es sich verdoppelte. Das gleiche tat der zweite Knecht, der zwei Talente empfangen hatte, mit dem gleichen Erfolg. Der dritte Knecht, der ein Talent erhalten hatte, vergrub das Geld in der Erde. Eines Tages kam der Herr zurück und alle berichteten, was sie mit dem Geld gemacht hatten. Können Sie sich die Reaktion des Herrn auf die Handlungsweise seiner Knechte vorstellen? Wen lobte er und wen bestrafte er?»

«Der das Geld vergraben hatte, wurde sicher bestraft.»

«Richtig. Im Gleichnis symbolisiert das Geld unsere Fähigkeiten und Möglichkeiten. Das kommt sehr deutlich durch den Namen der alten Währungseinheit «Talente» zum Ausdruck. Es ist nämlich kein Zufall. Der dritte Knecht, der sein Talent in der Erde vergraben hatte, begrub damit auch seine Zukunft und ihre Möglichkeiten. Er unternahm nichts, um sein Leben zu bereichern.»

«Sicher. Aber der Herr bestraft den dritten Knecht vielleicht nur, weil er am wenigsten verdient hat. Er hat ja nichts für die Bereicherung seines Herrn geleistet.»

«Nehmen wir an, der zweite Knecht hätte kein Glück bei seiner Investition gehabt, und er hätte alles verloren. Sie wären jetzt der Herr. Würden Sie ihn bestrafen?»

«Freuen würde es mich nicht. Aber er hat wenigstens den Mut gehabt, etwas mit seinem Geld zu unternehmen. Er würde jedenfalls trotz seines Verlustes besser dastehen, als der dritte Knecht, der ganz einfach ein Idiot ist.»

«Sie finden, der dritte Knecht sei ein Idiot. Doch vor kurzem waren Sie noch der Meinung, man müsse sich keine Gedanken darüber machen, wie man seine Talente vermehren könne. Der dritte Knecht hat nur das gemacht, was Sie vorhin vorgeschlagen haben.»

«Also gut, Sie haben gewonnen.»

«Sie müssen das Leben als eine Herausforderung betrachten. Wer nichts riskiert, kann auch nichts gewinnen. Je mehr Sie die Zukunft herausfordern, desto intensiver und reicher wird Ihr Leben sein. Sie werden es nie bereuen.»

«Nun, nachdem Sie mich überzeugt haben, müssen Sie mir auch sagen, wie ich es machen soll.»

«Die Wahrnehmung Ihrer seelischen Fähigkeiten ist einzig und allein von Ihrer Einsicht und Initiative abhängig. Ich kann Sie zwar unterstützen, indem ich Ihnen Anregungen gebe, aber im Grunde können nur Sie selbst Ihre Möglichkeiten erkennen und auswählen. Sie wollen doch sicher auch nicht, dass ich Ihnen irgendwelche Patentrezepte präsentiere?»

«Nein, ich habe sowieso eine Aversion gegen Instantlösungen. – Aber wie geht es jetzt weiter?»

«Zuerst müssen Sie eine Vorstellung davon bekommen, was für Ihre Zukunft am wichtigsten ist. Und zwar für Sie, nicht für andere. Was für andere gut ist, braucht für Sie noch lange nicht richtig zu sein. Wenn Sie zum Beispiel aus einer musischen Familie kämen, in der die Musik einen sehr hohen

Stellenwert hätte, so würden Sie wahrscheinlich der musischen Berufung Ihrer Familie folgen, obwohl Sie überhaupt keine Begabung dafür hätten. Und andere Fähigkeiten, die eher zum Beruf eines Geschäftmannes passen, würden dann brach liegen. Gerade der Beruf sollte unseren Fähigkeiten und Möglichkeiten entsprechen. Er sollte eine echte Berufung sein.»

«Halten Sie es für einen Fehler, dass ich den selben Beruf wie mein Vater gewählt habe?»

«Nicht wenn es ein echter, eigener Entscheid war.»

«Wie kann ich wissen, ob es meine eigenen Wünsche oder die der anderen waren, die mich bei der Wahl beeinflusst haben?»

«Das finden Sie erst dann heraus, wenn Sie wissen, was Sie wirklich wollen. Deshalb möchte ich mit Ihnen eine kleine Übung machen. Sicherlich kennen Sie Märchen, in denen das Wünschen vorkommt.»

«Sie meinen so ein Märchen mit einer guten Fee, die drei Wünsche freigibt?»

«Ja.»

«Ich kenne das Märchen vom Fischer und seiner Frau. Der Fischer fängt einen verzauberten Fisch. Der Fisch bittet den Fischer, ihn leben zu lassen. Der Fischer wirft den Zauberfisch ins Wasser zurück und geht nach Hause. Er erzählt seiner Frau, was er erlebt hat. Die Frau, die sehr gierig und machtlüstern ist, zwingt den Fischer, zurück zum Strand zu gehen. Dort soll er sich vom Zauberfisch ein grosses Haus wünschen. Er tut es, aber seine Frau ist nicht zufrieden. Sie will jetzt ein Schloss haben und der Fischer muss wieder den Zauberfisch bitten. Das genügt ihr immer noch nicht. Sie will sogar König, Kaiser und Papst werden, und der Zauberfisch erfüllt ihr die Wünsche auch. Zum Schluss will sie Gott selbst werden. Als der Fischer den Zauberfisch darum bittet, wird alles zurückverwandelt. Übrig bleibt die alte armselige Hütte des Fischers.»

«Dies ist doch ein gutes Beispiel dafür, wie man es nicht machen soll. Der Fischer hätte nicht auf seine Frau hören sollen, sondern auf seine eigenen Wünsche. Die Wünsche des Fischers symbolisieren seine Möglichkeiten.»

«Wieso die Möglichkeiten des Fischers? Es war doch seine Frau, die sich wünschte, König, Kaiser und Papst zu werden.»

«Bei der Deutung eines Märchens muss man alle Figuren, die darin vorkommen, als seelische Teile eines Menschen sehen. Die Frau ist keine selbständige Persönlichkeit, sondern ein Teil des Fischers selbst. Sie steht hier für den unkontrollierten Ehrgeiz des Fischers. Sie beansprucht ja auch lauter männliche Ämter.»

«Also verpasste der Fischer, der sich von fremdem Einfluss leiten liess, seine Möglichkeiten?»

«Richtig. Wenn er gewusst hätte, was für sein Leben wirklich wichtig ist, dann hätte er alles behalten können, und das Märchen hätte ein glückliches Ende gefunden.»

«Gibt es solche Märchen mit einem guten Ende?»

«Ja, mehrere. Ein typisches Motiv ist der Prinz, der seine Prinzessin sucht. Von einer guten Fee erhält er drei Wünsche. Damit überwindet er alle Gefahren auf dem Weg. Weil er die Wünsche richtig eingesetzt hat, bekommt er seine Prinzessin. Die Heirat des Prinzen und der Prinzessin symbolisiert die Vereinigung der Gegensätze. Als innerper-

sönlicher Vorgang bedeutet sie die Abrundung, bzw. die Ganzwerdung der Persönlichkeit.»

«Sind alle Märchen Geschichten über die seelische Entwicklung?»

«Ja. Wir vergessen immer, dass Märchen früher Erzählungen für Erwachsene waren. Sie geben urtümliches Wissen weiter, und zeigen uns, was wir tun müssen, um unsere Möglichkeiten im Leben auszuschöpfen.»

«Oder das, was passiert, wenn wir es nicht tun. Wie beim Fischer und seiner Frau.»

«Um herauszufinden, was Sie wirklich wollen, stellen Sie sich vor, dass Sie in einem Märchen sind, in dem noch Wunder passieren. Vor Ihnen erscheint jetzt eine gute Fee. Sie verspricht, Ihnen drei Wünsche zu erfüllen. Sie können sich also alles wünschen, auch wenn es fantastisch, unrealistisch und nur durch ein Wunder möglich ist. Sie haben aber nur diese drei Wünsche. Was würden Sie sich wünschen? – Lassen Sie sich ruhig Zeit beim Nachdenken.»

Ich nahm mir auch Zeit. Es war gar nicht so einfach, von all den Wünschen, die ich habe, drei auszuwählen.

«Ich würde mir Gesundheit, Liebe und Zufriedenheit wünschen.»

«Gut. Ihr erster Wunsch ist Gesundheit. – Nun wollen wir wieder auf den Boden der Realität zurückkommen. Was könnten Sie konkret tun, damit dieser Wunsch auch ohne Fee in Erfüllung geht.»

«Ich könnte Sport treiben, nicht rauchen, weniger trinken und auf meine Ernährung achten. Und ich könnte mich öfter ärztlich untersuchen lassen.»

«Als zweites haben Sie Liebe gesagt. Was stellen Sie sich darunter vor?»

«Eine schöne und gute Beziehung zu meiner Frau. Auch zu den Kindern. Eigentlich zu allen mir nahestehenden Personen.»

«Wie wollen Sie dies verwirklichen?»

«Indem ich mehr Zeit für die Beziehungen investiere und einfühlsamer und toleranter werde.»

«Und der dritte Wunsch?»

«Wenn die ersten beiden Wünsche in Erfüllung gehen, bin ich schon sehr zufrieden. Die Zufriedenheit könnte durch den Erfolg im Beruf noch gesteigert werden.»

«Wenn Sie Ihre Wünsche nach ihrer Bedeutung gewichten würden, bliebe es bei dieser Reihenfolge Gesundheit, Liebe, Zufriedenheit?»

«Ja.»

«Sehen Sie die Ähnlichkeit zu Ihrer Prioritätensetzung in der Imagination?»

«Erste Priorität bin ich, zweite Priorität ist meine Familie und dritte Priorität ist meine Arbeit.»

«Interessant ist auch, dass alle Ihre Wünsche die Bedeutung der seelischen Entwicklung unterstreichen.»

«Wie denn?»

«Um Ihre Gesundheit zu pflegen, haben Sie rein körperliche Massnahmen vorgeschlagen. Aber für die Gesundheit ist auch die seelische Verfassung von grosser Bedeutung. Müssten wir zwischen körperlicher und seelischer Gesundheit wählen, würden wir uns wahrscheinlich für das Letztere entscheiden.»

«Ich tue doch etwas für meine seelische Gesundheit. Ich komme zu Ihnen und befasse mich mit der Zeit. – Aber was für eine Rolle spielt die seelische Entwicklung bei der Liebe?»

«Toleranz und Einfühlsamkeit sind, wie Sie schon festgestellt haben, wichtige Eigenschaften für eine Beziehung. Doch diese Fähigkeiten setzen seelische Reife voraus. Nur wenn wir uns seelisch entwickeln, bringen wir die erforderlichen Voraussetzungen für eine auf Gegenseitigkeit beruhende, nichtsymbiotische Gemeinschaft auf.»

«Und bei der Zufriedenheit?»

«Die wichtigsten Voraussetzungen für die Zufriedenheit sind Vorwärtskommen, Entwicklung und Entfaltung – zum Beispiel der berufliche Erfolg. Stillstand dagegen ist Gift. Unzufriedene Menschen haben eins gemeinsam: Sie fühlen, dass ihr Leben festgefahren ist, und sehen keine Zukunft und keine Möglichkeiten mehr. Wenn wir zufrieden sein wollen, muss die seelische Entwicklung ein zentrales Ziel bilden.»

Ich dachte an mein Leben. Wie viele Möglichkeiten hatte ich bereits verpasst? Zu viele! – In Zukunft muss es anders werden.

Der Lebensbaum

«Jetzt kenne ich meine wichtigsten Wünsche. Sie bleiben aber Wünsche, denn ich weiss immer noch nicht, wie ich sie verwirklichen soll.»

«Dazu brauchen Sie Ihr Zeitplanbuch. Im numerischen Register des Zeiplanbuches wollen wir jetzt ein Zeitkonzept für Sie entwickeln. Dieses Zeitkonzept hat zum Ziel, Ihre Wünsche zu verwirklichen.»

«Ein Zeitkonzept?»

Ziele:
Geschäftsleitung:
1
Marketing:
2
Produktion:
3
Finanz- und Rechnungswesen:
4
Personal:
5
Behörden / Banken / Verwaltungsrat:
6
7
8
Freizeit:
9
Privat:
10
Ideen-Bank:
11
12
DataBank™
Inhalts-Verzeichnis

«Ja, sie werden dort konkrete Ziele bestimmen, die zu Ihren Wünschen führen. Dann werden Sie sich überlegen, wie Sie diese Ziele erreichen wollen. Dafür werden Sie dann Ihre Zeit und Energie einsetzen. Schauen Sie in Ihrem Zeitplanbuch das Register 1 bis 12 an. Im ersten Abschnitt halten Sie Ihre Ziele fest und in den restlichen Abschnitten Ihre Kernbereiche.»

«Kernbereiche?»

«Das sind die wichtigsten Lebens- und Aufgabenbereiche, auf die Sie Ihre Zeit und Energie konzentrieren sollten, um Ihre Wünsche zu verwirklichen. Zum Beispiel ist Ihre Freizeit ein wichtiger Kernbereich. Ihr Beruf lässt sich in mehrere Kernbereiche unterteilen: Geschäftsleitung, Marketing, Produktion, Finanzen, Personal usw.»

Er nahm Zeichenblock und Bleistift und fing an zu zeichnen.

«Wir können Ihr Zeitkonzept mit Hilfe des Lebensbaumes darstellen. Der Stamm, einem Pfeil ähnlich, symbolisiert Ihr Wünsche und die aus ihnen abgeleiteten Ziele.»

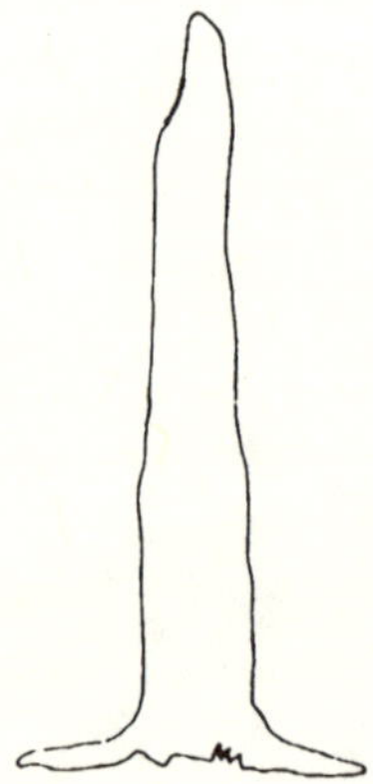

«Die Äste des Lebensbaumes stellen die wichtigsten Kernbereiche dar. Zusammen mit dem Stamm bilden die Äste des Lebensbaumes die tragende Konstruktion, auf die Ihr Leben baut. Der Stamm und die Äste bilden dann das Inhaltsverzeichnis des Registers.»

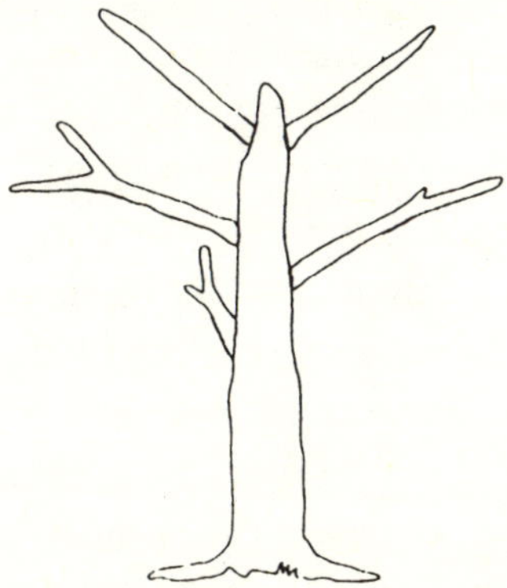

«Jeder Ast hat Zweige. Es ist oft sinnvoll, die Kernbereiche weiter zu unterteilen, um so eine bessere Übersicht zu erhalten. In welche Zweige lässt sich zum Beipiel Ihr Ast Freizeit unterteilen?»

«Familie, Tennis, Garten, Faulenzen, Kulturelles.»

«Und Ihr Kernbereich Marketing?»

«Produktgestaltung, Preispolitik, Werbung, Verkauf, Distribution.»

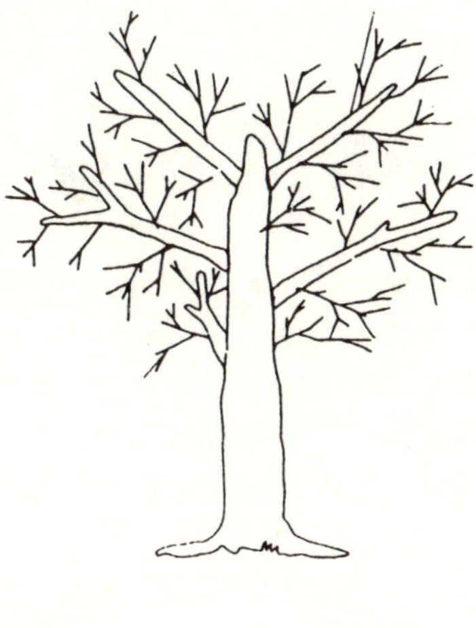

«Heisst das, die Zweige bilden das Inhaltsverzeichnis jedes Astes, dass heisst jedes Abschnittes?»

«Ja. In der Praxis lohnt es sich, für jeden Zweig eine separate Aufgabenliste einzurichten.»

«Nehmen wir an, dass ich im Abschnitt 3 meinen Ast Marketing einrichte. Dann hätte ich unter diesen Abschnitt fünf Aufgabelisten, eine für Produktgestaltung, eine für Preispolitik, eine für Werbung und so weiter.»

«Richtig. – Die Blätter des Lebensbaumes sind Ihre Aufgaben, das, was Sie konkret tun müssen, um Ihre Ziele zu erreichen. Sie werden in den Aufgabenlisten eingetragen. Jede Aufgabe wird einem bestimmten Zweig an einem bestimmten Ast direkt zugeordnet.»

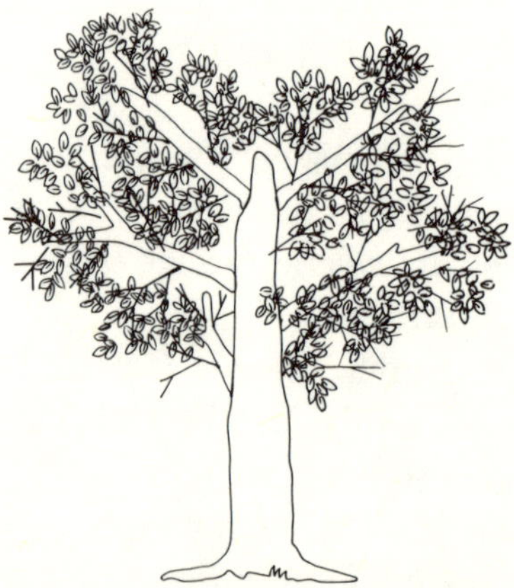

«Der Lebensbaum hilft Ihnen, Ihre Zukunft zu gestalten und gibt Ihrem Leben eine Struktur. Die Blätter – das heisst die einzelnen Aufgaben – sind logisch und übersichtlich in einem klaren Sinneszusammenhang geordnet. Wenn der Stamm, die Äste und die Zweige – also Ihr ganzes Zeitkonzept – nicht wären, hätten Sie einen unübersichtlichen Laubhaufen, in dem eine sinnvolle Orientierung kaum möglich

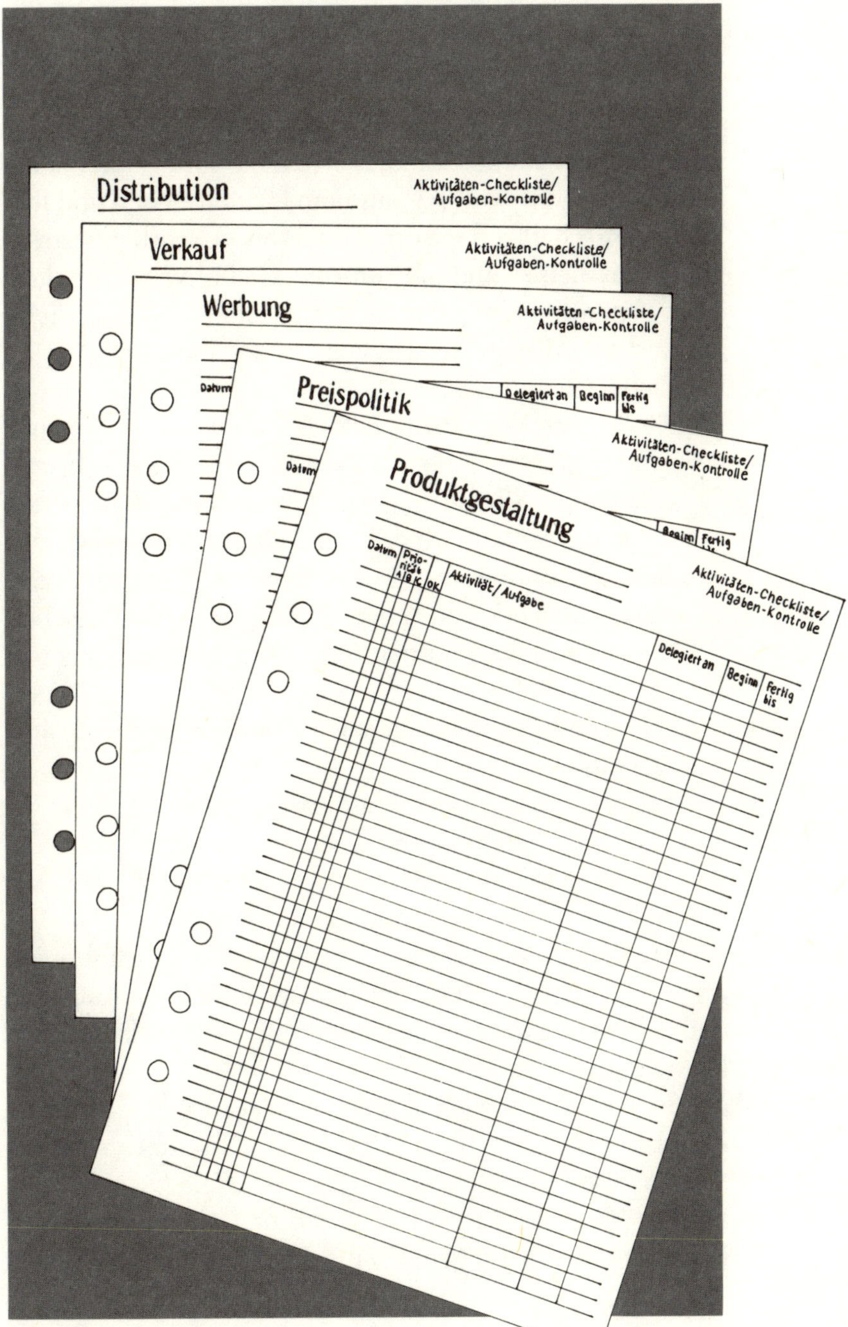

Distribution
Aktivitäten-Checkliste/
Aufgaben-Kontrolle
Verkauf
Aktivitäten-Checkliste/
Aufgaben-Kontrolle
Werbung
Aktivitäten-Checkliste/
Aufgaben-Kontrolle
Datum
Delegiert an
Beginn
Fertig bis
Preispolitik
Aktivitäten-Checkliste/
Aufgaben-Kontrolle
Datum
Beginn
Fertig
Produktgestaltung
Datum
Priorität A/B/C
OK
Aktivität/Aufgabe
Aktivitäten-Checkliste/
Aufgaben-Kontrolle
Delegiert an
Beginn
Fertig bis

wäre. Vom Zufall bestimmt, würden Sie Ihre Blätter – das heisst Aufgaben – wahllos aus dem Haufen ziehen und Ihre Ziele wahrscheinlich nie erreichen. Der Lebensbaum strukturiert das Leben und gibt uns das Gefühl von Sinn, denn jedes Blatt am Baum – das heisst jede Aufgabe – trägt sichtbar und spürbar zur Verwirklichung der Ziele bei.»
Er zeichnet Früchte ein.

«Die Früchte sind unsere Erfolgserlebnisse. Erfolg haben wir dann, wenn wir fühlen, dass wir wieder einen Schritt in die gewünschte Richtung getan haben. Dieser Baum trägt viele Früchte, denn durch den Lebensbaum können wir den direkten Zusammenhang sogar zwischen den kleinsten, scheinbar unwichtigsten Aufgaben des Alltags und unserem Erfolg von Morgen erkennen. Jedes Blatt ist über Zweig und Ast mit dem Ziel verbunden.»

«Aber es gibt viele Aufgaben, die unnötig sind und nicht zum Ziel führen.»

«Die gehören auch nicht zum Baum. Alle Aufgaben, die nicht zu Ihren Zielen führen, finden keinen Platz, wenn Sie den Baum richtig aufgebaut haben. Sie müssen entweder herumfliegen oder auf dem Boden landen.»

«Das bedeutet, dass der Lebensbaum mir helfen wird, mich gegen die vielen unwichtigen und unnötigen Aufgaben und Aktivitäten abzugrenzen, und mir zeigen wird, zu was ich nein sagen muss?»

«Auch. – Wir wollen Ihren Lebensbaum jetzt in Ihrem Zeitplanbuch einrichten. Der erste Abschnitt soll der Stamm, also Ihre Ziele, sein. Um Ihre Ziele zu erreichen, müssen Sie diese zuerst klar sehen und genau definieren. Es genügt nicht zu sagen, ich möchte in Zukunft besser auf

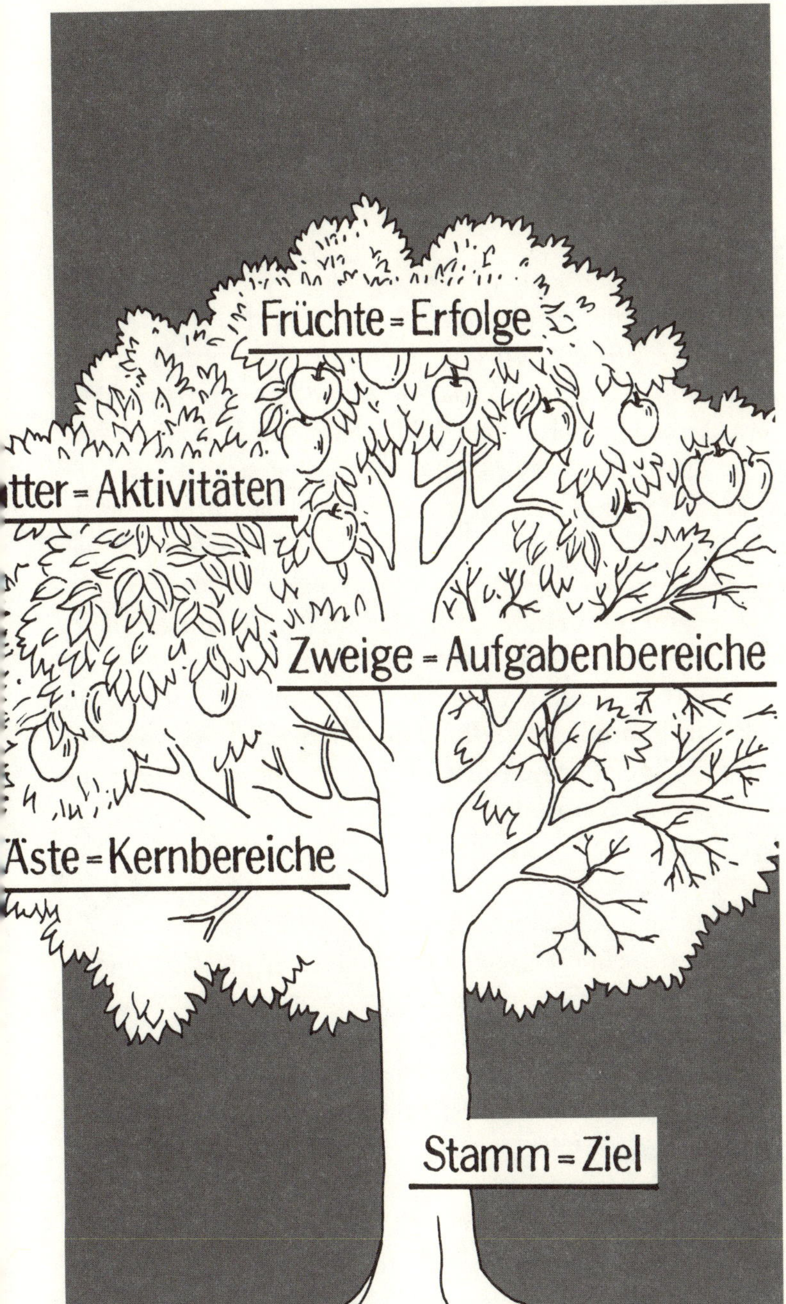

Früchte = Erfolge
tter = Aktivitäten
Zweige = Aufgabenbereiche
Äste = Kernbereiche
Stamm = Ziel

meine Gesundheit achten. Sie müssen versuchen, Ihre Ziele auf konkrete, wiedererkennbare Lebenssituationen zu adaptieren.»

«Ich könnte in Zukunft Treppen steigen, statt den Fahrstuhl zu nehmen.»

«Genau, Sie müssen die Situation erkennen, in der es notwendig wird, Ihr Verhalten zu ändern und mit alten Gewohnheiten zu brechen. Wenn Sie sich z.B. konkret vornehmen, mit Jogging Ihre Fitness zu verbessern, müssen Sie weitere Entscheidungen treffen, damit Sie Ihren Vorsatz nachher auch ausführen. Wann? – zum Beispiel nach der Arbeit. Wie oft? – zum Beispiel zweimal in der Woche. Wo? – zum Beispiel im Wald, der auf dem Heimweg liegt. Nehmen Sie jetzt ein Notizblatt, und heften Sie dieses im Abschnitt eins ein. Geben Sie dem Blatt die Überschrift Zukunft. Schreiben Sie links die Überschrift «Wünsche» und als Unterrubriken Ihre drei Wünsche «Gesundheit», «Liebe» und «Zufriedenheit».

Ich tat, was er verlangte.

«Gut. – Überlegen Sie sich zu jedem Wunsch drei konkrete Vorsätze, die Sie in diesem Jahr realisieren wollen. Zu jedem Vorsatz überlegen Sie sich auch einen ganz konkreten Aktionsplan, damit es nicht nur beim Vorsatz bleibt. Fangen Sie mit dem Wunsch Gesundheit an. Nehmen Sie sich Zeit.»

Nach vier Minuten war ich fertig.

«Für meine Gesundheit ist mein erstes Ziel, mich mit meiner seelische Entwicklung zu beschäftigen. Konkret bedeutet das momentan, eine Sitzung mit Ihnen pro Woche. Was ich weiter tun kann, werden Sie mir sicher noch sagen. – Mein zweites Ziel ist tatsächlich, mehr für meine Fitness zu tun. Von nun an werde ich konsequent zweimal in der

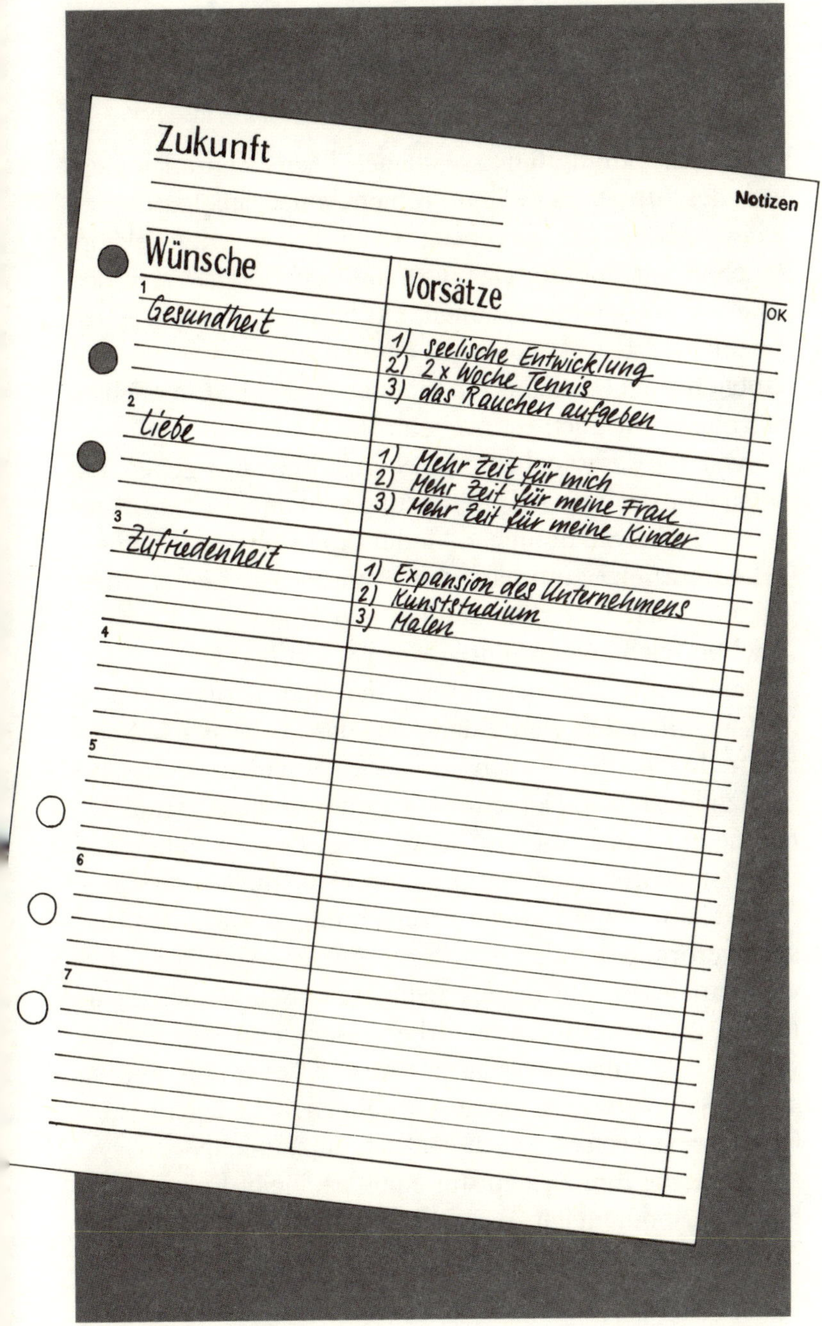
Zukunft
Notizen
Wünsche
Vorsätze
OK
1
Gesundheit
1) seelische Entwicklung
2) 2 x Woche Tennis
3) das Rauchen aufgeben
2
Liebe
1) Mehr Zeit für mich
2) Mehr Zeit für meine Frau
3) Mehr Zeit für meine Kinder
3
Zufriedenheit
1) Expansion des Unternehmens
2) Kunststudium
3) Malen
4
5
6
7

Woche eine Stunde Tennis einplanen. Dienstags und freitags, nach der Arbeit. Es ist kein Problem, einen Spielpartner zu finden. – Mein dritter Vorsatz ist, endlich mit dem blöden Rauchen aufzuhören. Das wird das Schwierigste sein. Ich habe mir jetzt vorgenommen, am Samstag morgen einen ganz konkreten Aktionsplan auszuarbeiten, wie ich das Rauchen aufgeben kann. Ich brauche aber Zeit, um mich zu informieren, wie ich es machen soll.»

«Ich habe das Rauchen vor sieben Jahren aufgegeben und es war eine der besten Entscheidungen meines Lebens. Aber es ist schwer. Sie brauchen Geduld mit sich selbst dafür. – Gehen wir jetzt zum nächsten Wunsch, zur Liebe. Überlegen Sie sich auch dort drei Jahresziele.»

Schon nach zwei Minuten war ich fertig.

«Von nun an nehme ich mir jeden Sonntag Nachmittag Zeit für mich. Ich werde dann nur das tun, was mir Spass macht. Da werde ich auch Zeit haben, um über mich selbst nachzudenken. – Der Samstag gehört meiner Frau. Ich nehme mir vor, an diesem Tag ganz auf sie einzugehen und bewusst die Zeit mit ihr zu gestalten. Dann bin ich nur für sie da und habe keine anderen Verpflichtungen. – Mit den Kindern verbringe ich den Sonntagvormittag. Wichtig ist, dass wir gemeinsam etwas unternehmen, was uns allen Spass macht. Wir werden schon vorher besprechen, was wir tun wollen, damit niemand was anderes vorhat und damit wir alle diesen Vormittag geniessen können. – Vielleicht ist es falsch, seine Freizeit so schematisch einzuteilen.»

«Wenn Sie Ihre Zeit zu stur einteilen, bleibt Ihnen wenig Platz für Spontaneität. Wenn Sie mit Ihrer Frau zusammen eine Kunstaustellung ansehen wollen, aber feststellen, dass sie am Samstag immer geschlossen ist, würden Sie deshalb darauf verzichten? – Es könnte ja an Ihrem Sonntagnachmittag das schönste Sommerwetter herrschen. Würden Sie – nur weil Sie es in Ihr Zeitplanbuch eingetragen haben – den Nachmittag mit Bücherlesen verbringen? – Trotzdem ist es richtig, so wie Sie es gemacht haben. Sie müssen sich im voraus Zeit für die verschiedenen Dinge reservieren. Nur so können Sie sich richtig auf das, was kommt, einstellen. Wenn Sie wissen, dass Sie den Samstag mit Ihrer Frau verbringen werden, sind Sie innerlich darauf vorbereitet. Sie haben vorher Zeit gehabt, darüber nachzudenken, was Sie tun wollen. So können Sie dann die Zeit auch viel besser nutzen.»

«Ich weiss jetzt schon, was ich mit ihr unternehmen will. Ich kann den nächsten Samstag kaum erwarten.»

«Wenn Sie sich die Zeit nehmen, sich innerlich auf die Stunden, die Sie mit Ihrer Frau, Ihren Kinder oder sich selbst verbringen wollen, vorzubereiten, können Sie die Qualität dieser Zeit erheblich erhöhen.»

«Sicher hat man dann auch nicht so oft ein schlechtes Gewissen, und das Gefühl, jemand sei zu kurz gekommen.»

«Welche Ziele haben Sie denn für den Erfolg?»

Hier hatte ich mehr Mühe. Aber er sass da und wartete geduldig, bis ich fertig war.

«Also, ich habe darüber nachgedacht. Ich bin mit meinem Beruf sehr zufrieden und könnte mir eigentlich keine bessere Arbeit, als ich sie jetzt habe, vorstellen. Schliesslich ist es mein eigenes Unternehmen. Aber ich habe mir vorgenommen, vor Jahresende einen Stellvertreter anzustellen, der mir einen Teil der administrativen Arbeit abnehmen kann. Ich möchte mich auf Entwicklungsfragen und auf die Zukunft der Firma konzentrieren, damit mehr Schwung hinein kommt. Es ist Zeit, dass nicht nur ich, sondern auch meine Firma sich entfaltet. – Als zweites Ziel habe ich mir vorgenommen, mich weiterzubilden. Ich interessiere mich für Kunst und möchte mir Fachwissen aneignen. An der Universität werden im Frühling eine Serie öffentlicher Vorlesungen über Kunstgeschichte und ähnliches durchgeführt. Da werde ich mich anmelden. – Damit hängt mein drittes Ziel zusammen. Ich male sehr gern. Ich stelle mir vor, dass ich den Sonntagnachmittag in Zukunft oft mit Malen verbringen werde. In meinem Arbeitszimmer zu Hause kann ich auf der einen Seite ein Atelier einrichten und in der nächsten Woche werde ich mich mit der Kunstfachschule in Verbindung setzen und sehen, was für ein Ausbildungsangebot sie haben.»

«Jetzt haben wir Ihren Stamm geschaffen. Sie sollen natürlich in Zukunft an Ihren Zielen arbeiten und sie so definieren, dass Sie Ihre Wünsche verwirklichen. Für den Moment reicht es. Als nächster Schritt sollen Sie nun Ihre Äste und Zweige auf Ihrem Stamm bestimmen. Welche sind Ihre Kernbereiche, damit Sie Ihre Ziele erreichen, beruflich und privat? Da Sie so gerne malen, darf ich Ihnen den Zeichenblock geben.»

Er gab mir Block und Bleistift.

«Wie viele Äste soll ich zeichnen?»

«Höchstens zehn. Die Erfahrung zeigt, dass ein Ast für den privaten Bereich genügt. Damit Ihr Lebensbaum nachher in Ihr Zeitplanbuch übertragen werden kann, sollten die übrigen Äste berufliche Kernbereiche sein. Sie werden Ihr Zeitplanbuch ja vor allem in Ihrer Arbeit gebrauchen.»

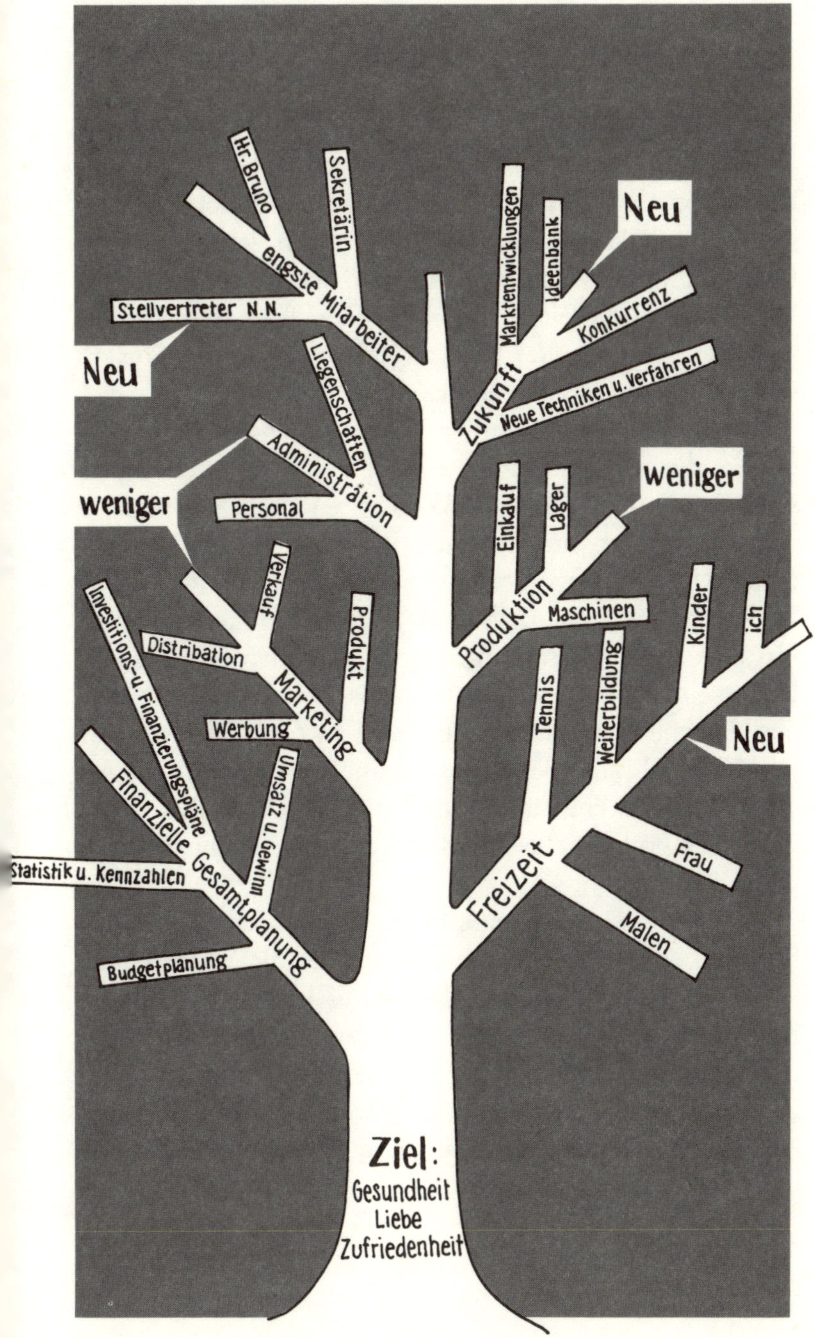
Hr. Bruno
Sekretärin
engste Mitarbeiter
Stellvertreter N.N.
Neu
Marktentwicklungen
Ideenbank
Neu
Konkurrenz
Neue Techniken u. Verfahren
Zukunft
Liegenschaften
Administration
Personal
weniger
Einkauf
Lager
weniger
Produktion
Maschinen
Verkauf
Distribation
Produkt
Marketing
Werbung
Investitions-u. Finanzierungspläne
Umsatz u. Gewinn
Finanzielle Gesamtplanung
Statistik u. Kennzahlen
Budgetplanung
Kinder
ich
Neu
Tennis
Weiterbildung
Frau
Malen
Freizeit
Ziel:
Gesundheit
Liebe
Zufriedenheit

Ich wunderte mich, dass ich den Baum so schnell zeichnen konnte. Später erfuhr ich, dass das Baumzeichnen eine sehr gute Kreativtätsmethode ist. Alle Arten von Projekten, Besprechungen, Vorträgen kann man mit dieser Methode in Windeseile vorbereiten. Wenn der Ideenfluss an einem Ast zu Ende geht, arbeitet man an einem anderen weiter. Es kommt nie zu Gedankenblockaden.

«Wenn Sie Ihren Baum fertig gezeichnet haben, markieren Sie die Veränderungen, die Sie durch Ihre neuen Einsichten gewonnen haben. Was wären die Unterschiede, wenn Sie Ihren Baum mit einem Baum vergleichen würden, den Sie heute morgen gezeichnet hätten?»

«Ich habe zwei ganz neue Äste und einen neuen Zweig. Der erste neue Ast ist der grösste am Baum: Meine Freizeit. Der zweite neue Ast – auch sehr gross – ist die Zukunft meines Unternehmens. Der neue Zweig ist mein Stellvertreter, den ich noch anstellen muss. Dann sind drei Äste kleiner geworden: Administration, Marketing und Produktion. Das sind die Kernbereiche, die der Stellvertreter übernehmen wird.»

«Nehmen Sie sich gleich heute Abend Zeit, diesen Lebensbaum in Ihr Zeitplanbuch zu übertragen. Im ersten Abschnitt haben Sie Ihre Ziele festgehalten. Das ist der Stamm. Dann kommen Ihre sechs beruflichen Äste. Jeder Ast bekommt seinen eigenen Abschnitt, also von Abschnitt zwei bis sieben. Unter jedem Ast werden die Aufgabenlisten eingeheftet. Für jeden Zweig eine Aufgabenliste. – Wir sehen uns nächste Woche wieder.»

Zusammenfassung

Am nächsten Sonntagnachmittag sass ich in meinem Arbeitszimmer und nahm nochmals Punkt für Punkt durch, was wir in der Stunde besprochen hatten. Am meisten hatten mich die Übungen beeindruckt.

* Imagination

Wenn mir wirklich bewusst wird, dass meine Lebenszeit beschränkt ist, dann setze ich automatisch die richtigen Prioritäten für das Leben.

Überlegen Sie sich, was Ihnen wirklich wichtig wäre, wenn Sie erfahren würden, dass Sie nur noch eine beschränkte Zeit zu leben hätten. Wie würden Sie die restliche Zeit gestalten?

Ein Jahr zu leben: ______________________________

____

____

____

Einen Monat zu leben: ______________________________

____

____

____

Einen Tag zu leben: ______________________________

____

____

____

* Die drei Wünsche

Wenn man nur drei Möglichkeiten im Leben verwirklichen darf, fällt einem die Wahl schwer. Da habe ich mir ernsthaft überlegen müssen, was ich wirklich brauche, damit mein Leben einen Sinn hat. Ich habe mich für Gesundheit, Liebe und Zufriedenheit entschieden.

Was würden Sie sich wünschen, wenn Sie beim Angeln einen Zauberfisch fangen würden, der Ihnen drei Wünsche zu erfüllen verspricht, falls Sie ihn wieder frei lassen? Eins dürfen Sie sich natürlich nicht wünschen, nämlich beliebig viele Wünsche frei zu haben.

Erster Wunsch: ______________________________
Zweiter Wunsch: ____________________________
Dritter Wunsch: _____________________________

* Drei Jahresziele

Damit meine Wünsche nicht nur Wünsche bleiben, musste ich mir konkrete Vorsätze zur ihrer Verwirklichung ausdenken. Diese Ziele sollen noch in diesem Jahr realisiert werden, nach einem genauen Aktionsplan. Heute habe ich mir noch eine Reihe von weiteren Zielen gesetzt.

Wie sieht es bei Ihnen aus? Haben Sie konkrete Vorstellungen, wie Sie Ihre Wünsche verwirklichen wollen? Hier haben Sie die Gelegenheit, diese Vorstellungen aufzuschreiben:

Erster Wunsch: ________________________________

1. Vorsatz: ________________________________

   Aktionsplan: ________________________________

   ____

   ____

2. Vorsatz: ________________________________

   Aktionsplan: ________________________________

   ____

   ____

3. Vorsatz: ________________________________

   Aktionsplan: ________________________________

   ____

   ____

Zweiter Wunsch: ________________________________

1. Vorsatz: ________________________________

   Aktionsplan: ________________________________

   ____

   ____

2. Vorsatz: ________________________________

   Aktionsplan: ________________________________

   ____

   ____

3. Vorsatz: ________________________________

   Aktionsplan: ________________________________

   ____

   ____

Dritter Wunsch: ____________________

1. Vorsatz: ____________________

   Aktionsplan: ____________________

   ____

   ____

2. Vorsatz: ____________________

   Aktionsplan: ____________________

   ____

   ____

3. Vorsatz: ____________________

   Aktionsplan: ____________________

   ____

   ____

*** Der Lebensbaum**

Die vorhergehenden Übungen machten mir klar, was ich eigentlich erreichen wollte. Dann musste ich die Strategie zur Erreichung meiner Ziele ausarbeiten. Das löste ich, indem ich den Lebensbaum zeichnete. Stamm gleich Ziel, die Äste sind die wichtigsten Kernbereiche, auf die ich meine Zeit und Energie konzentrieren muss, um meine Ziele zu verwirklichen.

Bisher hat man immer angenommen, dass das menschliche Gehirn in einer linearen oder listenförmigen Weise arbeitet. Aber unsere Denkprozesse verlaufen nicht linear, sondern assoziativ, d.h. ganze Netzwerke von Wörtern und Ideen entstehen und werden miteinander verknüpft. Deshalb sollten Aufzeichnungen für Problemlösungen, Leit-

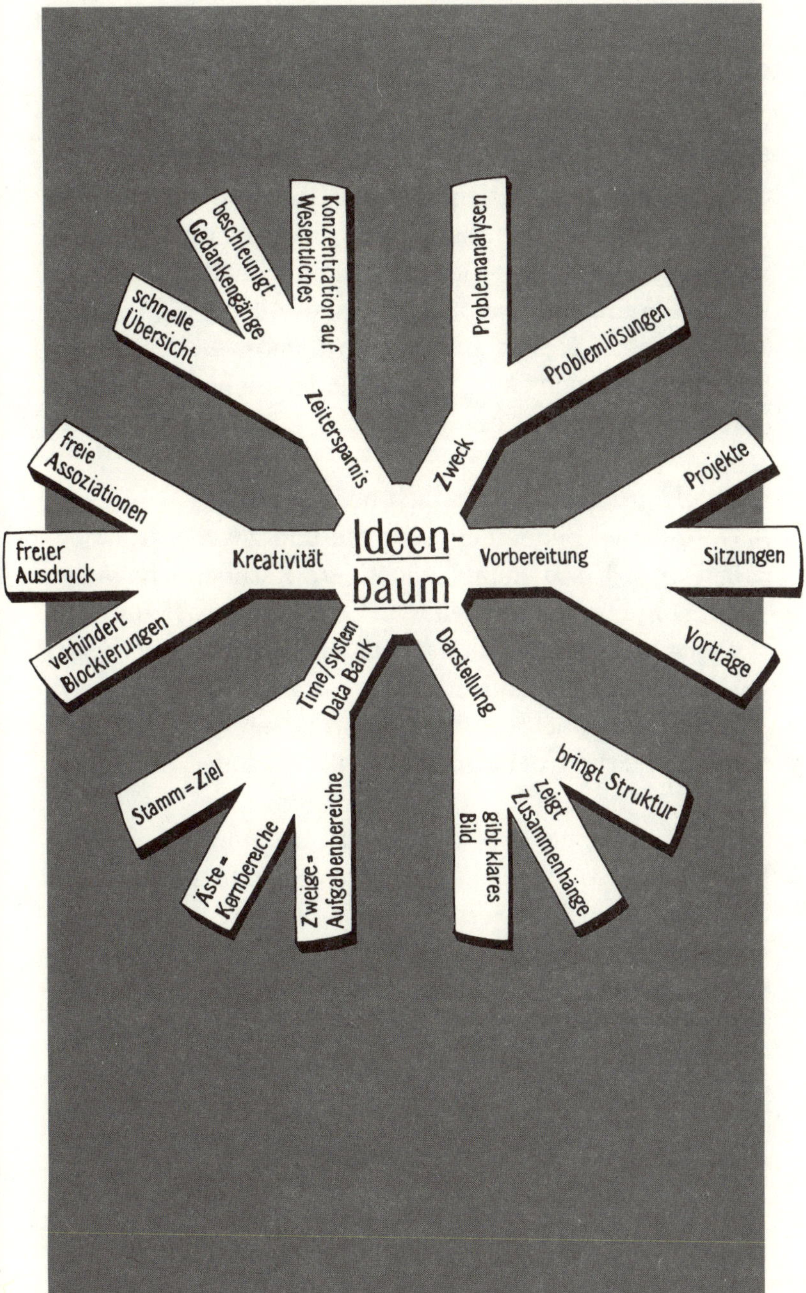
Ideenbaum
Zweck
Problemanalysen
Problemlösungen
Vorbereitung
Projekte
Sitzungen
Vorträge
Darstellung
bringt Struktur
zeigt Zusammenhänge
gibt klares Bild
Time/system Data Bank
Stamm = Ziel
Äste = Kernbereiche
Zweige = Aufgabenbereiche
Kreativität
freie Assoziationen
freier Ausdruck
verhindert Blockierungen
Zeitersparnis
schnelle Übersicht
beschleunigt Gedankengänge
Konzentration auf Wesentliches

fäden für Vorträge, Skizzen für Projektentwürfe usw. in einer dem Gehirn angepassten Struktur abgefasst werden. Die Darstellung des Lebensbaumes ist eine bewährte Kreativitätsmethode, mit der wir jedes Problem schnell strukturieren können. Wenn der Ideenfluss an einem Ast oder Zweig versiegt, können wir einfach bei einem anderen weitermachen. So entstehen keine Gedankenblockaden mehr. Der Lebensbaum bietet noch weitere Vorteile:

- Das Hauptziel wird deutlich herausgestellt.
- Die relative Bedeutung der Äste und Zweige tritt sinnfälliger in Erscheinung. Wichtigere Kernbereiche gehen direkt in Form von Ästen vom Zentrum, bzw. Stamm aus, weniger wichtige befinden sich als Zweige weiter weg.
- Die Art der Struktur erlaubt es, neue Äste und Zweige leicht und ohne Streichungen und eingezwängte Nachträge, die die Übersichtlichkeit stören, unterzubringen.

Nehmen Sie ein grosses Stück Papier und zeichnen Sie Ihren Lebensbaum. Statt oben auf der Seite zu beginnen und in Sätzen oder Listen vertikal nach unten Ihre Kernbereiche aufzuschreiben, zeichnen Sie in der Mitte des Papiers den Stamm Ihres Lebensbaumes. Tragen Sie in den Stamm Ihre drei wichtigsten Wünsche ein, damit Sie sie nicht aus den Augen verlieren. Vom Stamm ausgehend, können Sie jetzt Ihre Kernbereiche in Form von Ästen und Zweigen entwickeln.

Dritte Stunde:
VERGANGENHEIT

Ein schlimmer Tag. Ich fühlte mich schlecht und hatte überhaupt keine Lust, über meine Probleme zu sprechen. So sass ich da im grossen Sessel und sagte kein Wort. Nach etwa fünf Minuten nahm ich mich zusammmen.

«Nach der letzten Stunde habe ich einen Gesundheitscheck beim Arzt machen lassen. Mein Blutdruck ist zu hoch. Eine typische Stresserscheinung, sagt der Arzt. Er empfiehlt mir dringend, mein Arbeitstempo herunterzusetzen. Ich sei ein Kandidat für einen Herzinfarkt.»

«Das ist nicht gut. Ihr Arzt hat recht.»

«Natürlich hat er recht. Aber kaum bin ich wieder im Büro, passiert etwas, worüber ich mich zu Tode aufrege.»

«Was denn?»

«Ein Computerausfall.»

«Wie bitte?»

«Wir hatten einen Stromausfall. Nachher sind durch einen Bedienungsfehler alle gespeicherten Informationen gelöscht worden. Dann stellte sich heraus, dass die Verantwortlichen seit zwei Wochen keine Sicherungskopie gemacht hatten, obwohl ich sie genau instruiert hatte, es jeden Abend zu tun. Jetzt müssen über 3000 Rechnungen, alle Einzahlungen und die ganze Buchhaltung der letzten vierzehn Tage nochmals eingegeben werden. Eine Katastophe ist das! Es wird mindestens einen Monat dauern, bis der Schaden wieder einigermassen behoben ist. Und all der Ärger, den ich dadurch habe. Von den Kosten ganz zu schweigen. Warum muss das ausgerechnet mir passieren?»

«Ich sehe Ihnen an, dass dieser Vorfall Sie ganz schön mitgenommen hat. Sie nehmen es sehr persönlich.»

«Ich habe nur Angst, es wird wie damals.»

«Was ist damals passiert? Erzählen Sie doch bitte.»

«Ich bin seit einiger Zeit sehr niedergeschlagen. Eine solche Phase habe ich schon einmal durchgemacht, vor sieben Jahren. Nur noch viel schlimmer. Die Angst, es würde nochmals passieren, ist eigentlich der Grund, warum ich hier sitze.»

«Was ist denn vor sieben Jahren geschehen?»

Die Hypotheken der Vergangenheit

«Damals ist mein Haus abgebrannt. Brandstiftung. Das hat bei mir eine Depression ausgelöst. Plötzlich sah ich keine Zukunft mehr für mich. Manche Nächte bin ich mit dem Auto durch die Gegend gerast. Ich wollte gegen irgend einen Baum fahren.»

«Sie hatten Selbstmordgedanken?»

«Ja, ich sah keinen Sinn mehr darin zu leben. – Als ich die Krise dann überstanden hatte, dachte ich, es würde nie wieder passieren. Aber ich fürchte, dass sich die Vergangenheit wiederholt.»

«Das Vergangene ist zwar abgetan und abgelegt, aber als Erinnerung kann es Sie immer noch erfreuen oder bedrükken. Als Konflikt belastet die Vergangenheit unsere Gegenwart und Zukunft. Diese Hypotheken aus der Vergangenheit sind seelische Verletzungen, die wir auch als Komplexe bezeichnen.»

«Aha, die berühmten Komplexe. – Ich habe also einen Komplex?»

«Jeder Mensch hat Komplexe. Sie sind auf seelische Konflikte in der Vergangenheit zurückzuführen, die wir nicht bewältigen konnten und die deshalb ins Unbewusste verdrängt wurden.»

«Warum verdrängt man denn?»

«Die Möglichkeit zur Verdrängung ist ein lebensnotwendiger Mechanismus unserer Seele, sonst könnte es geschehen, dass wir bei einem unlösbaren Konflikt seelisch krank werden.»

«Wenn der Konflikt verdrängt ist, wäre dann die Sache gelöst?»

«Nein, eben nicht. Sie können es ja bei sich selbst beobachten. Sie erkennen den Komplex daran, dass Sie auf die Situation nicht mehr angemessen reagiert haben. Sie nehmen es zu persönlich. Es ist sicher ein schwerer Schlag, wenn das eigene Haus abbrennt, aber Ihre Reaktion darauf war unverhältnismässig.»

«Ich konnte nicht anders.»

«Die Komplexe können wir nicht mehr mit unserem Willen beherrschen. Durch die Verdrängung haben sie sich unserem Bewusstsein entzogen. Sie sind autonom, konkurrieren erfolgreich mit unserem Willen und stören unsere Leistungen. Ein Beweis dafür sind die typischen Freud'schen Fehlleistungen, die wir täglich beobachten können.»

«Wie der Präsident, der nichts Gutes von der Verwaltungsratssitzung erwartete und sie eröffnete mit den Worten: «Meine Herren, ich erkäre somit die Sitzung für **geschlossen** ...».»

«Genau. Aber das war ein leichter Komplex. Aktivierte Komplexe sind schuld daran, dass wir nicht richtig reagie-

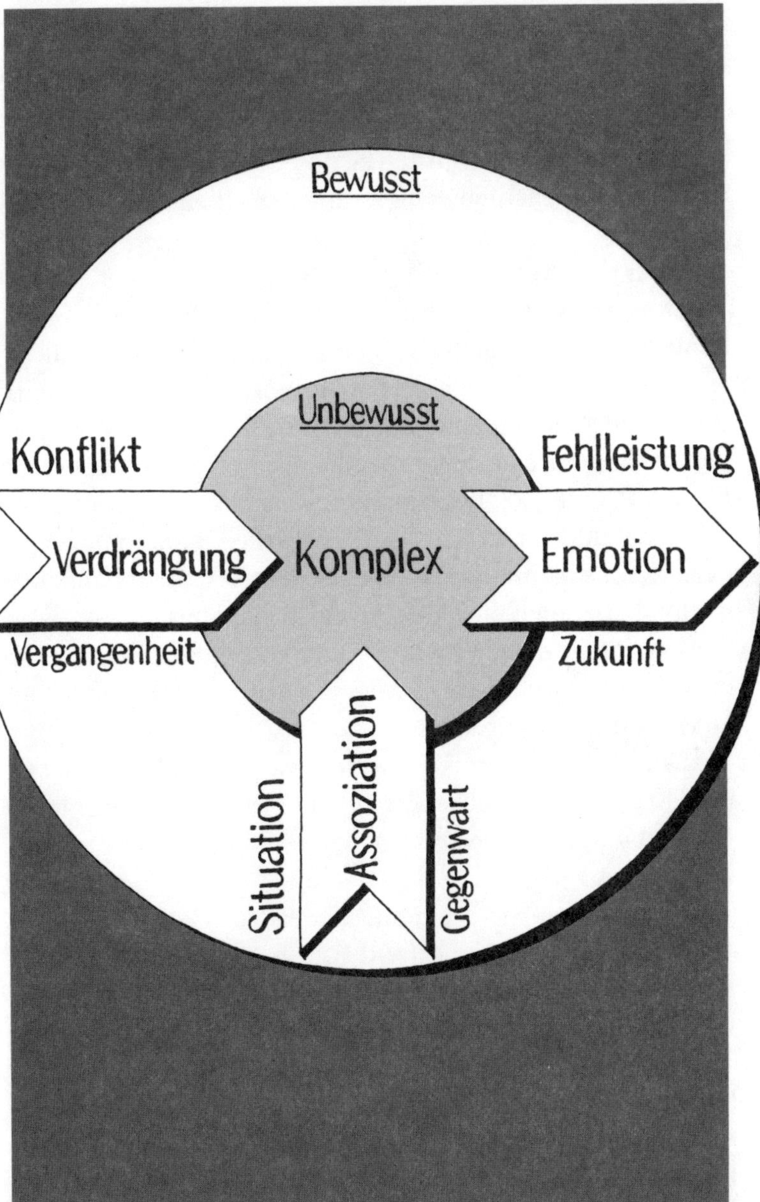
Bewusst
Unbewusst
Konflikt
Fehlleistung
Verdrängung
Komplex
Emotion
Vergangenheit
Zukunft
Assoziation
Situation
Gegenwart

ren. Sie sind die schlimmsten Zeitdiebe, die es gibt. Denn die dadurch verursachten Fehlleistungen stehlen uns die meiste Zeit.»

«Aber wie werden Komplexe ausgelöst?»

«Durch Assoziationen. Eine dem verdrängten Konflikt ähnliche Situation in der Gegenwart kann den unbewältigten Konflikt aus der Erinnerung hervorrufen. Das kann eine Begegnung mit jemandem sein – ein Bild, ein Geruch, ein Geräusch oder eine Stimme – die uns in die Vergangenheit führen. In einer solchen Situation steigen starke Emotionen in uns auf und verzerren die gegenwärtige Situation. So hindern sie uns daran, richtig zu entscheiden und zu handeln.»

«Ich habe mich über den Ausfall des Computers masslos aufgeregt und nachher war ich total niedergeschmettert. Ist es, weil ich durch dieses Ereignis an den Brand vor sieben Jahren erinnert wurde?»

«Die beiden Ereignisse wurden wahrscheinlich vom selben Komplex ausgelöst. Ich glaube, dass der verdrängte Konflikt noch weiter zurück in der Vergangenheit zu suchen ist.»

«Wie können wir das herausfinden?»

«Durch die Emotion, die der Komplex auslöst. War es Angst, Schuld, Trauer oder Wut, die in Ihnen hochstieg?»

«Das kann ich nicht sagen.»

«Versuchen wir es anders herum. Jedes dieser vier Gefühle hat seine eigene Entstehungsgeschichte in der Vergangenheit und ist mit einer ganz spezifischen Botschaft verknüpft. Daraus können wir die Art der seelischen Verletzung in der Vergangenheit erkennen. – Ich werde sie jetzt einzeln beschreiben. Versuchen Sie herauszuspüren, was auf Sie

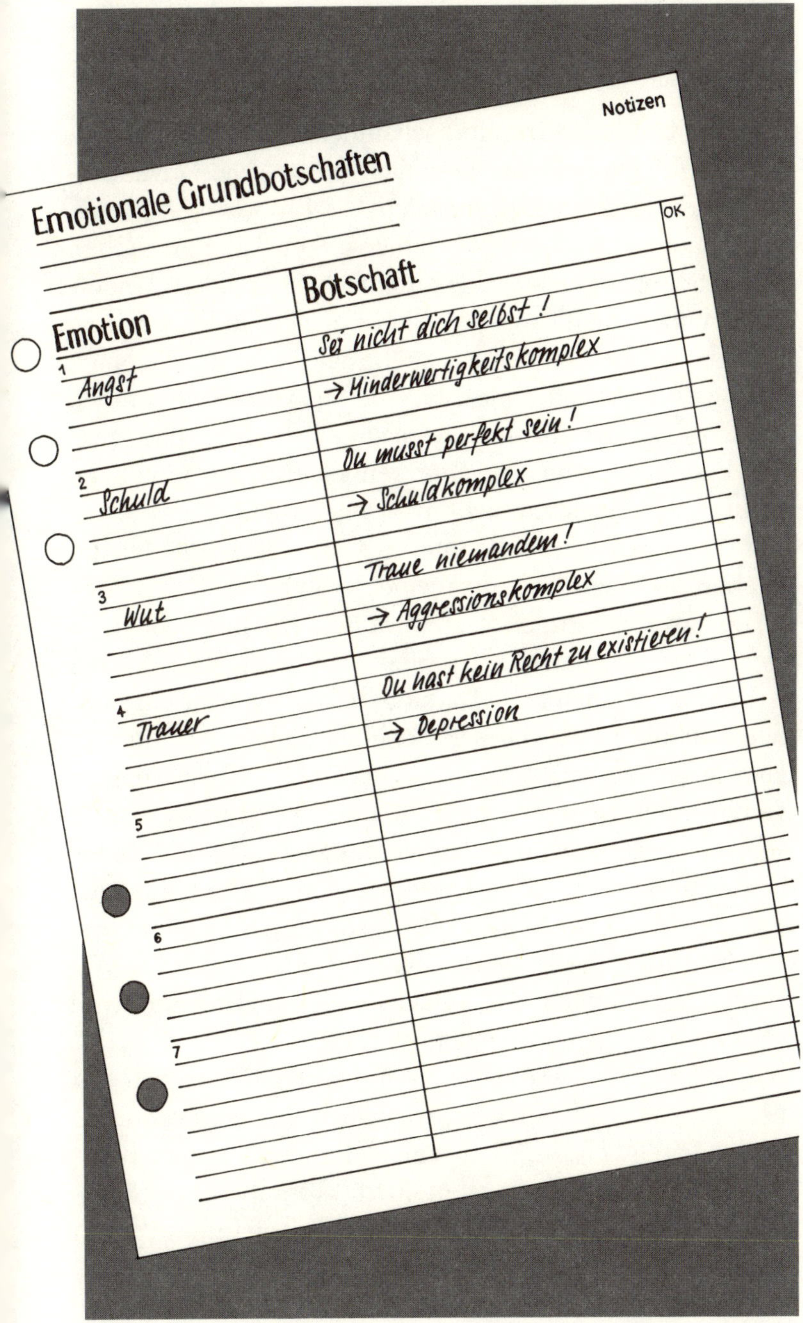

Notizen
Emotionale Grundbotschaften
OK
Emotion
Botschaft
1 Angst
Sei nicht dich selbst!
→ Minderwertigkeitskomplex
2 Schuld
Du musst perfekt sein!
→ Schuldkomplex
3 Wut
Traue niemandem!
→ Aggressionskomplex
4 Trauer
Du hast kein Recht zu existieren!
→ Depression
5
6
7

zutrifft. – Die erste Grundbotschaft heisst: So wie du bist, ist es nicht gut. Deshalb: Sei nicht dich selbst. – Dieser Minderwertigkeitskomplex löst vor allem die Emotion Angst aus. Angst, nicht zu genügen. Wir fühlen uns unsicher und haben grosse Schwierigkeiten, uns zu entscheiden. Diese Unentschlossenheit stiehlt uns natürlich viel Zeit und Energie.»

«Nein, das ist es nicht. Ich kenne solche Leute, die einen Minderwertigkeitskomplex haben. Sie versuchen immer, ihre Unsicherheit mit einer gespielten Sicherheit zu verdekken. Erst wenn man sie näher kennenlernt und hinter die Kulissen schauen kann, sieht man, wie unsicher sie sind. Vor allem bei meinem Vater konnte ich das beobachten. – Ich bin da eher das Gegenteil von meinem Vater.»

«Die zweite Grundbotschaft heisst: Du bist schuld an allem. Deshalb: Du musst perfekt sein, so richtest du den geringsten Schaden an. – Dadurch bekommen wir ein ständiges Schuldgefühl. Dieser Schuldkomplex wird immer dann ausgelöst, wenn wir an unsere Schwächen erinnert werden oder wenn wir eine Situation nicht unter totaler Kontrolle haben. Dann fühlen wir uns als Versager. Um aber die Kontrolle nicht zu verlieren, werden wir oft zu Perfektionisten, oder wir entwickeln feste Gewohnheiten und Arbeitsabläufe, die zu unantastbaren Ritualen werden. Wir werden umständlich und verschwenden unsere Zeit, weil wir alles ganz richtig machen wollen.»

«Ich erkenne diese perfektionistischen Tendenzen bei meinen Kindern. Ich glaube, wir haben sie überfordert. Sie durften eigentlich nie Kind sein, weil meine Frau auch gearbeitet hat. Dadurch mussten sie früh Verantwortung übernehmen. Meine kleine Tochter zum Beispiel räumt jeden

Abend ihr Zimmer auf und alle ihre Spielsachen müssen in einer perfekten Ordnung sein, sonst kann sie nicht einschlafen.»

«Und wie sieht's bei Ihnen aus?»

«Abgesehen davon, dass ich in diesem Moment Schuldgefühle gegenüber meinen Kinder bekommen habe, kenne ich das bei mir nicht. Ich bin alles andere als ein Perfektionist, eher ein Minimalist, wenn schon. Ich habe auch keine festen Rituale oder sonst was.»

«Die dritte Grundbotschaft heisst: Alle wollen dir Böses antun und dir schaden. Deshalb: Traue niemandem. – Dieser Aggressionskomplex löst die Emotion Wut aus. Wir glauben, dass andere Menschen uns zu manipulieren versuchen. Wir fürchten, dass sie Fallen aufstellen, in die wir hineintappen sollen, damit sie Macht über uns bekommen. Daher begegnen wir allen mit grossem Misstrauen und wehren uns gegen sie. Sie sollen doch bloss verschwinden, wir brauchen sie nicht. Dadurch verschliessen wir uns und verpassen viele positive Möglichkeiten. Wir verschwenden viel Zeit und Energie mit der Suche nach Indizien, die unser Misstrauen bestätigen. Wir lassen uns von Rachegefühlen leiten und ziehen Konflikte an wie ein Magnet.»

«Meine Frau aus erster Ehe war richtig paranoid. Sie glaubte, dass alles was ich tat, gegen sie gerichtet sei. Wenn ich abends einmal zu spät nach Hause kam und vorher nicht angerufen hatte, glaubte sie, ich täte es, um sie unglücklich zu machen. Deshalb ist auch unsere Ehe in die Brüche gegangen. Aber ich kenne dieses Misstrauen gegenüber anderen Menschen nicht. Im Gegenteil. Ich bin zu naiv und glaube, dass alle so denken wie ich und dass sie nur das Beste wollen.»

«Die vierte Grundbotschaft heisst: Du bist unerwünscht. Wir wollen dich nicht. Deshalb: Du hast kein Recht zu existieren. – Dieser Komplex löst Depressionen aus. Wir fühlen uns ausgestossen und glauben, dass alle uns ablehnen. Um das zu kompensieren, sind wir übermässig liebenswürdig und passen uns überall an, damit wir akzeptiert werden. Orientieren wir uns ständig nach den Erwartungen anderer, verlieren wir unsere eigenen Absichten und Möglichkeiten aus den Augen. Wir verschwenden unsere Zeit für andere und kämpfen nicht für unsere eigene Sache.»

«Das ist es genau. Und es stimmt, mein häufigstes Gefühl in mir ist Traurigkeit. Ich bin kein fröhlicher Mensch. Aber überall gelte ich als anständig und liebenswürdig. Die Meinung der anderen ist mir wichtig. Vielleicht respektiere ich sie zu sehr?»

«Sehen Sie den Zusammenhang zwischen dem Brand vor sieben Jahren und dieser Grundbotschaft, dass Sie kein Recht darauf haben, zu existieren?»

«Ja. – Der Brand war gegen mich gerichtet. Ich sollte nicht existieren. Die beste Art, jemanden zu vertreiben, ist doch, sein Haus zu zerstören.»

«Wer hat Ihr Haus angesteckt? Wissen Sie das?»

«Irgend ein Verrückter, den ich überhaupt nicht kannte.»

«Dann war es doch Zufall. Er hat das Haus nicht wegen Ihnen angezündet.»

«Das weiss ich auch, aber ich habe es als persönlich gegen mich gerichtet empfunden.»

«Und der Compterausfall?»

«Den auch.»

«Er hat die Existenz Ihrer Firma bedroht.»

«Ohne den Computer könnte mein Geschäft gar nicht existieren. Ich sage immer, die Informationen, die in ihm gespeichert sind, sind das Herz und das Kapital des Unternehmens.»

«Und wenn Ihre Firma bedroht ist, sind Sie indirekt auch bedroht. Schliesslich ist sie Ihre Existenzgrundlage.»

«Aber warum nehme ich es so persönlich?»

«Jedes Ereignis, durch das Ihre Existenz irgendwie in Frage gestellt ist und Sie an Ihren Ursprungskonflikt erinnert, löst den Komplex aus. Auch wenn es sich nicht um eine echte Bedrohung handelt, steigt in Ihnen die Botschaft hoch, dass Sie eigentlich überhaupt kein Recht haben zu existieren. Das, was passiert, nehmen Sie als ein Zeichen dafür, dass man Sie nicht mag und Sie los werden möchte. Sie fühlen sich sofort in Ihrer Existenz gefährdet.»

«Wenn der Brand vor sieben Jahren nicht der Ursprungskonflikt war, was war es dann?»

«Denken Sie noch weiter an Ihre Vergangenheit zurück, bis in Ihre Kindheit. Hatten Sie damals irgendwelche existenzbedrohenden Erlebnisse?»

«Nicht das ich wüsste.»

«Wie war die Beziehung zwischen Ihren Eltern?»

«Schlecht. Es war eine unglückliche Ehe. Eigentlich wollten sie keine Kinder. Ich bin das einzige Kind.»

«Sie waren unerwünscht.»

«Ja, besonders mein Vater wollte mich nicht haben. Er versuchte meine Mutter zu einer Abtreibung zu zwingen. Sie weigerte sich.»

«Hier stand also bereits Ihre Existenz auf dem Spiel. Und wie war es nachher, als Sie dann auf der Welt waren?»

«Meiner Mutter nahm sich meiner natürlich an. Es kann aber für sie nicht einfach gewesen sein. Mein Vater konnte mich nie akzeptieren. Ich stand ihm im Weg. Wenn er wütend war, sagte er immer, er ärgere sich heute noch über die Sturheit meiner Mutter.»

«Das Ganze erzählen Sie ohne jegliche Gefühlsregung. Merken Sie gar nicht, wie schlimm es für Sie gewesen sein muss, dass Ihr eigener Vater Sie eigentlich am liebsten umbringen wollte?»

«Nein, ich habe mich damit abgefunden.»

«Abgefunden in dem Sinne, dass Sie den Konflikt total verdrängt haben. Sonst würden Sie jetzt Ihren Schmerz über die negative Beziehung zu Ihrem Vater spüren. Ihre Geschichte ist sehr, sehr traurig.»

«Sie meinen, dass der Ursprungskonflikt in der Beziehung zu meinem Vater liegt? Er war derjenige, der meine Existenz bedrohte, ich aber habe dies nicht einsehen wollen und das Ganze verdrängt?»

«Ja, Sie haben die Quelle vergessen, aber die Dynamik ist geblieben. Jetzt projizieren Sie diese Existenzbedrohung auf Situationen, die Sie irgendwie an diesen Ursprungskonflikt erinnern. Aber es ist nicht eine Frage des Wollens. Als kleines Kind mussten Sie diesen Schmerz zur Selbsterhaltung verdrängen, sonst wären Sie untergegangen.»

«Ist dies jetzt der Komplex?»

«Ja. Wir wollen ihm ein bisschen auf den Zahn fühlen. – Aber nur wenn Sie wollen. Es kann für Sie schmerzhaft sein.»

«Ich will.»

Er stand auf und holte einen Stuhl. Diesen setzte er vor mich hin.

«Lebt Ihr Vater noch?»

«Nein, er starb vor drei Jahren.»

«Also zur selben Zeit, als Ihre Probleme anfingen?»

«Ja.»

«Stellen Sie sich vor, Ihr Vater käme noch einmal zurück und setzte sich auf diesen Stuhl. Er kann nämlich nicht ruhen, bevor Sie mit ihm noch ein letztes Mal gesprochen und ihm erzählt haben, wie Sie Ihre – durch ihn verursachte – Existenzbedrohung erleben. Jetzt haben Sie endlich die Möglichkeit dazu. Er wird Ihnen zuhören. Was würden Sie ihm sagen?»

Ich merkte, wie mein Herz schlug. Ich war aufgeregt. Die Worte blieben mir im Hals stecken. – Doch dann kam es wie von selbst – von irgendwo aus dem Inneren:

«Vater, du wolltest nicht, dass ich lebe. Doch ich lebe und du bist tot. Was habe ich dir getan, dass du mich nicht akzeptieren konntest? Du musst dir doch selbst den Tod gewünscht haben, wenn du nicht einmal deinem eigenen Kind das Leben gönnst. Auch für dich muss es schlimm gewesen sein, aber ich kann und will dir nicht verzeihen. Ich bin so unendlich traurig über das, was du mir angetan hast. Diese Wunde wird nie heilen. Wenn ich daran denke, was wir als Vater und Sohn dadurch alles verpasst haben ... Nie haben wir miteinander gespielt, nie hast du mir Geschichten erzählt, nie hast du mich auf irgendwelche Abenteuer mitgenommen, nie haben wir zusammen gelacht und Unsinn gemacht. Wir können es nicht mehr nachholen oder wieder gutmachen. – Ich bin nicht wütend auf dich, aber sehr, sehr traurig.»

Erst jetzt merkte ich, wie die Tränen über meine Wangen herunterrollten. Ich konnte mich nicht erinnern, wann ich das letzte Mal geweint hatte. – Wir schwiegen beide lange Zeit.

«Wollen Sie Ihrem Vater noch etwas sagen?»

«Du kannst jetzt gehen. Ich will dich nie mehr sehen.»

Er stellte den Stuhl wieder zurück.

«Ihr Vater ist nicht mehr da. Wie fühlen Sie sich?

«Erleichtert. Es ist so, als ob man mir einen schweren Stein von der Brust genommen hätte.»

«Sie konnten die verdrängte Trauer ein Stück weit aufsteigen lassen. So haben Sie dem Komplex einen Teil seiner Energie geraubt. Das erleichtert.»

«Sie meinen, der Komplex ist jetzt nicht mehr so stark wie früher? – Und wenn ich meine ganze Trauer aufsteigen lassen könnte, dann würde sich der Komplex auflösen und ich wäre nicht mehr niedergeschlagen?»

«Ja. Dann hätten Sie wieder eine Beziehung zu Ihren Gefühlen. Sie hätten eine konkrete Ursache für Ihre Traurigkeit. Die Trauer wäre dann auf eine ganz bestimmte Situation bezogen, und würde nicht frei herumschwimmen und Ihr ganzes Leben durchsäuern. – Hier haben Sie ein gutes Beispiel dafür, wie die Vergangenheit die Gegenwart und die Zukunft belasten kann. Ihr Konflikt hat dazu geführt, dass Sie Ihre eigenen Wünsche und Ziele ganz vergessen und nicht für Ihre Sache gekämpft haben. Jemand, der nicht existieren darf, hat auch keine Wünsche anzumelden, geschweige denn irgendwelche Forderungen zu stellen.»

Mein ganzer innerer Konflikt war mir klar geworden. Es war mir schleierhaft, wieso ich ihn früher nicht erkannt hatte. Ich fühlte, dass ein neues Leben sich vor mir öffnete. – Wenn dieser Konflikt gelöst wird, kann ich viel freudiger und lebenslustiger in die Welt blicken.

Die Geschichte vom Stress

«Die Komplexe trüben nicht nur den Blick auf die Zukunft, sondern sind auch die Ursache von Stress.»

«Von Stress?»

«Sie haben vorhin selber im gleichen Atemzug von Ihren Konflikten und vom Stress geredet. Erinnern Sie sich? Sie hatten recht, denn es hängt alles zusammen.»

«Die Konflikte sind sozusagen eine Belastung und verursachen deshalb Stress?»

«Ja, so könnte man es vereinfacht sagen.»

«Ich möchte mehr darüber wissen. Können Sie mir das genau erklären?»

«Gut. – Was passiert in Ihrem Körper, wenn Sie gestresst sind?»

«Mein Puls erhöht sich und der Blutdruck steigt.»

«Es passiert noch viel mehr. Der Stress setzt Zucker frei, erhöht den Blutfettspiegel und die Blutgerinnung, verlangsamt die Verdauung, verursacht Schweissausbrüche. Und wissen Sie wozu?»

«Keine Ahnung.»

«Bei den Tieren lässt es sich leichter erkennen. Wann fühlt zum Beipiel ein Hase Stress?»

«Wenn der Fuchs ihn jagt.»

«Was muss der Hase dann schleunigst machen, um zu überleben?»

«Wegrennen, natürlich.»

«Eben. Medizinisch gesehen, ist Stress nichts anderes als eine schnelle Energiemobilisierung des Körpers. Für den Hasen ein lebensnotwendiger Mechanismus. Im Kampf ums

Überleben, zum Beispiel bei der Flucht von Gefahren, muss der Tierkörper grosse Energien freisetzen können. Wie sieht es bei den Menschen aus? Wie ist unser Kampf ums Überleben?»

«Natürliche Feinde haben wir nicht, also müssen wir auch nicht wegrennen. Der Kampf ums Überleben läuft bei uns auf eine anderen Ebene ab.»

«Menschen brauchen diese Energiemobilisierung in den meisten Fällen nicht, weil bei den «Gefahren», die wir im Alltag erleben, selten eine körperliche Anstrengung notwendig ist.»

«An welche Gefahren denken Sie?»

«Sie kennen doch als Autofahrer sicher das starke Herzklopfen, das der Schreck bei einer Unfallgefahr verursacht. Und austoben können wir uns nicht.»

«Aber wir können fluchen und schreien.»

«Das ist keine körperliche Anstrengung. Da wir selbst bei stärksten Stressreizen oft bewegungslos bleiben, können wir die mobilisierte Energie im Körper nicht abbauen. Dann macht uns der Stress krank. So wird der früher einmal sinnvolle biologische Verteidigungsmechanismus zum Instrument der Selbstzerstörung.»

«Dann sollte ein Angestellter, der sich zum Beispiel von einem ungerechten Anpfiff seines Chefs stressen lässt, sich gleich an Ort und Stelle körperlich abreagieren und den Schreibtisch des Chefs ein paar Male hochstemmen.»

«Es wäre durchaus eine gesunde Reaktion. Der stressauslösende Faktor ist normalerweise keine objektive Gefahr an sich. Es hängt von der subjektiven Wahrnehmung ab, was Menschen als Gefahr bewerten und was nicht. Wir reagieren

ganz unterschiedlich auf die Einflüsse der Umwelt. Eine Situation, die bei dem einen den grössten Stress auslöst, muss bei einem anderen überhaupt keine Wirkung zeigen. Es gibt Menschen, um ein Beispiel zu nennen, die beim Anblick eines Luftballons zu schwitzen beginnen, aus Angst, dass er plötzlich platzen könnte.»

«Ich kenne einen Kollegen, der kann keinen Fahrstuhl betreten. Und im Winter fährt er immer mit offenen Schiebefenstern.»

«Kennen Sie einen solchen stressauslösenden Faktor bei sich selbst?»

«Da muss ich nachdenken. – Doch, neulich als ich in Einsiedeln das Kloster besichtigte. Das war mir irgendwie zu mächtig. Plötzlich bekam ich keine Luft mehr und dachte, ich würde in Ohnmacht fallen. Ich musste hinausgehen und frische Luft schnappen. Warum habe ich so reagiert?»

«Ich nehme an, dass auch hier Ihr Existenzkomplex berührt wurde. In der Kirche wurden Sie unbewusst mit Ihrer religiösen Haltung konfrontiert. Das mit Religion stammverwandte lateinische Wort «relegere» bedeutet soviel wie nachdenken. Nachdenken über unsere Existenz, über den Sinn im Leben, über die Frage, ob es einen Gott gibt.»

«Trotzdem finde ich, dass das Ganze doch nichts mit meinem Vaterkonflikt zu tun hat.»

«Es hat sogar sehr viel miteinander zu tun. Wir sprechen doch Gott mit Vater an. Er ist für uns die Vaterfigur. Da Sie eine sehr problematische Beziehung zu Ihrem Vater hatten, werden Sie sich auch mit Ihrer Beziehung zu Gott auseinandersetzen müssen.»

«Sie meinen, ich muss mich mit meinem Glauben beschäftigen und versuchen, meine religiösen Fragen zu klären?»

«Darum werden Sie kaum herumkommen. Und es könnte sehr wichtig für Sie sein. Wenn Sie eine gute Beziehung zu Gott finden, können Sie viel leichter über Ihre Vaterproblematik hinwegkommen. Die positive Beziehung zu Gott würde die negative Beziehung zu Ihrem Vater kompensieren. – Aber bleiben wir noch beim Thema Stress. Hinter jeder Stresssituation steht ein Komplex. Der Stress wird durch die Emotion, die der Komplex auslöst, in Gang gesetzt, sei es Angst, Schuld, Wut oder Trauer. So ist es auch beim Hasen. Die Angst vor dem Fuchs löst bei ihm die Energiemobilisierung aus.»

«Und da wir unterschiedliche Komplexe haben, reagieren wir unterschiedlich auf die verschiedenen Situationen.»

«Richtig. Stellen Sie sich vor, Sie erhalten einen Brief, in dem Ihre Bank alle Ihre Darlehen kündigt. Würde Sie das stressen?»

«Sogar sehr.»

«Auslöser Ihrer Stressreaktion wäre aber nicht die schwarze Druckfarbe auf dem Papier, die Ihnen die negative Nachricht übermittelt, sondern Ihre Angst vor den Konsequenzen: Ungewissheit, Existenzgefährdung, Auswegslosigkeit.»

«Ja, ich würde es wahrscheinlich viel zu schwarz sehen.»

«Und am liebsten würden Sie – wie der Hase – wegrennen, doch tun können Sie nichts. Aber in Ihrem Körper nimmt die Stressreaktion ihren Lauf.»

Wieder spürte ich meine Angst vor dem Herzinfarkt. Das leichte Stechen war immer noch da. – Nein, so wollte ich nicht enden. Das Leben ist zu schön, um sich zu Tode hetzen zu lassen.

Das Tagebuch

«Was kann man gegen Stress tun?»

«Es gibt viele Möglichkeiten, sich mit dem Stress auseinanderzusetzen. Ein konsequent geführtes Tagebuch ist eine gute Methode. Ein solches Tagebuch lässt sich mit Vorteil im Zeitplanbuch einrichten.»

«Was soll ich da hineinschreiben? Meinen ganzen Tagesablauf? Das stelle ich mir ziemlich mühsam vor.»

«Sie brauchen nicht alle Ereignisse chronologisch aufzulisten, sondern nur jene Situationen, die mit starken Emotionen verbunden sind.»

«Also Situationen, die einen Komplex ausgelöst haben.»

«Ja. Aber es ist wichtig, dass Sie sich nach Ihren Gefühlen orientieren. Wenn Sie das Tagebuch mit der Frage «Wann hatte ich einen Komplex?» oder «Wann wurde ich gestresst?» anfangen, dann wird Ihnen nicht viel einfallen. Die Erkenntnis, dass wir gestresst sind, oder dass ein Komplex aktiviert worden ist, verlangt einen bedeutend höheren Grad an Bewusstsein als die nackte Empfindung von Gefühlen. Wenn Sie gestresst sind, denken Sie auch nicht in erster Linie daran, dass Ihr Puls höher schlägt, Ihr Blutdruck steigt oder mehr Zucker im Blut freigesetzt wird. Das dabei erlebte ungute Gefühl steht viel mehr im Vordergrund. Und die Erfahrung zeigt, dass wir uns bedeutend besser an Stresssituationen erinnern können, wenn wir uns nach unseren Gefühlen orientieren.»

«Also, zum Beispiel: Wann hatte ich Angst? Wann fühlte ich mich schuldig? Wann habe ich mich aufgeregt? Wann war ich traurig?»

«Genau. In allen Situationen, wo diese Gefühle in uns aufsteigen, können wir sicher sein, dass ein Komplex am Werk ist und wir unter Stress stehen.»

«Reicht es nicht, wenn ich einfach darüber nachdenke? Warum muss ich gleich alles aufschreiben?»

«Alles was wir nur «im Kopf» haben, wird leichter vergessen, beziehungsweise verdrängt. Das Formulieren und das Niederschreiben von Erlebnissen zwingt uns zu einer Auseinandersetzung mit ihnen. Beim Schreiben verwandeln sich emotionale und daher für das Bewusstsein noch nicht fassbare Vorgänge in konkrete Gestalten, die wir begreifen können. Schwarz auf weiss, in Wort und Sprache können wir uns viel eher mit unseren Erlebnissen auseinandersetzen und ihre Beziehungen zu den Konflikten aus der Vergangenheit erkennen. Kennen Sie jemanden, der ein Tagebuch führt?»

«Ja, meine Frau.»

«Fragen Sie sie mal, ob sie es bestätigen kann.»

«Doch, das stimmt. Manchmal wenn sie traurig ist, setzt sie sich hin und schreibt seitenweise Tagebuch. Nachher, sagt sie, fühlt sie sich immer besser. Es ist so, als übertrage sich die traurige Stimmung mit der Tinte auf's Papier. Aber sie schreibt ja nur ganz sporadisch. Sie haben von einem konsequent geführten Tagebuch gesprochen. Wie stellen Sie sich das vor?»

«Am besten wäre es, wenn Sie die Ereignisse sofort aufschreiben würden, solange Sie sie noch ganz genau in Erinnerung haben. Meistens sind wir dazu jedoch nicht in der Lage. Deshalb sollten Sie sich regelmässig einmal in der Woche Zeit nehmen und alles, was in den letzen Tagen passiert ist, in Ruhe aufarbeiten. Nennen Sie es «Wochenrückblick».»

«Wann ist für mich der beste Zeitpunkt, diesen Wochenrückblick durchzuführen?»

«Generell dann, wenn Sie die alte Woche abschliessen und sich auf die neue vorbereiten. Ihnen würde ich den Sonntagnachmittag vorschlagen, den Sie für sich reserviert haben. Mit der Zeit, also nachdem Sie einige Monate den Wochenrückblick konsequent praktiziert haben, werden Sie erkennen können, dass es praktisch immer dieselben Komplexe sind, die Stresssituationen bei Ihnen auslösen. Es bilden sich bestimmte Muster und Gruppierungen, in denen sich ähnliche Konstellationen wiederholen. Zum Schluss erhalten Sie ein vollständiges Bild von den Komplexen, die durch die verschiedenen Erlebnisse von mehreren Seiten beleuchtet worden sind. Es ist wie das Aufzeichnen von unbekannten Gewässern, wo jede Peilung mit dem Echolot ein Stück Aufschluss über die Beschaffenheit des Meeresgrundes, das heisst der seelischen Landschaft, gibt.»

«Wo im Zeitplanbuch soll ich meinen Wochenrückblick führen?»

«Im ersten Abschnitt, wo Sie Ihre Ziele festgehalten haben.»

«Warum dort? So vermische ich doch Zukunft und Vergangenheit.»

«Eben. Die Zukunft ist ohne die Vergangenheit nicht denkbar. Was heute noch morgen ist, ist übermorgen schon gestern. Die Vergangenheit entsteht aus der Zukunft und die Zukunft entsteht aus der Vergangenheit.»

«Wie entsteht die Zukunft aus der Vergangenheit?»

«Aufgrund der Erfahrungen aus der Vergangenheit wird die Zukunft gestaltet. Wir setzen uns Ziele, die wir als anstrebenswert erachten. Dass sie anstrebenswert sind, können wir nur aus unserer Vergangenheit erfahren haben.»

«Und der Wochenrückblick führt dann auch zu den Erkenntnissen, die meine Zielsetzung für die Zukunft beeinflussen?»

«Genau. Sie kamen heute zu der Einsicht, dass Sie sich den Wünschen anderer zu sehr beugen, weil Sie Angst davor haben, ihre Zuneigung zu verlieren. Konsequenz für die Zukunft: Sie wollen mehr für Ihre eigene Sache kämpfen. – Daraus ergeben sich neue Ziele, die Ihre Interessen besser wahrnehmen.»

«Der Wochenrückblick hält also nicht nur fest, was gewesen ist, sondern zwingt uns gleichzeitig dazu, Konsequenzen für die Zukunft zu ziehen.»

«Sie sollten, nachdem Sie das Erlebte festgehalten haben, direkt nach Wegen suchen, wie Sie in Zukunft mit Stresssituationen besser fertig werden können. Mit der Zeit wird es Ihnen gelingen, den ganzen Komplexknoten zu lösen. Aber gleich von Anfang an, wenn Sie den Stressfaktor erkennen, können Sie durch alternatives Handeln versuchen, die schlimmsten Stresssituationen zu vermeiden.»

«Wenn mich zum Beispiel das Autofahren stresst, kann ich ja auf alternative Transportmittel umsteigen, wie Bus, Zug oder Taxi.»

«Richtig. – Wir wollen jetzt Ihr Tagebuch im Zeitplanbuch einrichten. Legen Sie im ersten Abschnitt einige linierte Blätter ein, damit Sie immer Platz zum Schreiben haben. Geben Sie jetzt dem ersten Blatt das heutige Datum als Überschrift. – So, welche «Absteller» hatten Sie diese Woche?»

«Der Computerausfall, über den ich mich so aufgeregt habe.»

«Halten Sie dieses Ereignis fest. Den Komplex, der dahinter liegt, haben wir heute ja zum Teil kennengelernt. Sie fühlten sich in Ihrer Existenz bedroht und haben deshalb nicht angemessen reagiert. Wie können Sie in Zukunft solche Situationen vermeiden?»

«Ich werde mich nicht mehr so aufregen, denn ich weiss jetzt, dass es auch an mir liegt.»

«Einverstanden. Sie haben dem Komplex bereits einige Energie weggenommen, so dass Ihre Reaktionen in Zukunft nicht mehr so gefühlsgeladen sein werden. Aber wie können Sie verhindern, dass er sich nicht wiederholt? Haben Sie sich darüber schon Gedanken gemacht?»

«Ehrlich gesagt nein. Ich muss mir das Ganze noch genau überlegen.»

«Jetzt haben Sie Gelegenheit dazu.»

«Zuerst würde ich den Verantwortlichen suchen und ihn fragen, wie es überhaupt passieren konnte.»

«Dieser Schritt ist überflüssig. Sie wissen doch jetzt schon, wer er ist und wie es passiert ist. Den Schuldigen zu Rechenschaft zu ziehen, ist meistens kontraproduktiv. Beim ersten Vorwurf wird er sich nur wehren und die Schuld von sich zu schieben versuchen. Der Verantwortliche wird doch auch ohne Ihre Recherchen wissen, dass er Mist gebaut hat und wird sich darüber ärgern.»

«Sicher, aber ich muss ihn doch zur Rede stellen.»

«Warum? Sie sagen ihm ja nichts Neues. Indem Sie sich auch noch über die Sache ärgern, nehmen Sie ihm die Verantwortung für seinen Fehler weg. Sie halsen sich sein Problem auf. Wenn Sie sich ärgern, braucht er es nicht mehr zu tun.»

«Sie haben recht. Und für die Zukunft bringt es auch nichts.»

«Also, was werden Sie tun?»

«Ich werde in die Zukunft schauen und nach einer Lösung für das Problem suchen. Die werde ich dann mit ihm besprechen und er kann sie ausführen.»

«Warum wollen Sie das Problem selber lösen? Glauben Sie, dass Ihr Mitarbeiter dazu nicht imstande ist? Warum lassen Sie ihn die Suppe, die er sich eingebrockt hat, nicht selbst auslöffeln?»

«Es fällt mir schwer, mich nicht gleich auf jedes auftauchende Problem zu stürzen. Bis jetzt habe ich es immer so gemacht.»

«Alte Gewohnheiten kann man brechen. Vielleicht gelingt es nicht auf Anhieb, aber mit der Zeit schaffen Sie es bestimmt. Ihre Mitarbeiter werden Ihnen dankbar sein.»

«Wieso meine Mitarbeiter?»

«Dadurch, dass Sie ihnen die Verantwortung überlassen, geben Sie ihnen die Möglichkeit, ihre Fähigkeiten zu fördern und zu entwickeln. Wo haben Sie selber am meisten gelernt: Bei dem, was Sie richtig gemacht haben, oder bei Ihren Fehlern?»

«Bei meinen Fehlern.»

«Denken Sie daran, wenn das nächste Mal ein Mitarbeiter zu Ihnen kommt und sagt: «Hallo Boss, ich habe ein Problem». Sagen Sie ihm, Sie hätten ihn dafür angestellt, dass er Lösungen bringe, und nicht Probleme.»

«Das ist ja ein ganz neuer Gesichtspunkt. – Das braucht aber viel Vertrauen.»

«Wenn Sie Ihren Mitarbeitern nicht vertrauen, liegt es daran, dass Sie sich selbst nicht vertrauen. Mit mehr Selbstvertrauen können Sie sich manchen Ärger vom Hals halten. – Aber zurück zum Thema. Im Tagebuch sollten wir uns nicht nur mit Ärger befassen, sondern auch erfreuliche Ereignisse festhalten. Das Erkennen von – wir nennen es mal so – positiven Komplexen, die Freude auslösen, ist für das Seelenleben ebenso wichtig. Die positiven Erfahrungen, die Sie in Ihrer Vergangenheit gemacht haben, bilden analog zu den negativen Erfahrungen eine Entscheidungsgrundlage für die Gestaltung Ihrer Zukunft. Die negativen Erfahrungen zeigen uns, was wir vermeiden sollen und die positiven Erfahrungen machen uns klar, was wir anstreben müssen. Alles was Freude macht, ist erstrebenswert. – Haben Sie in dieser Woche einen «Aufsteller» erlebt?»

«Ja. Letzten Samstag war ich mit meiner Frau auf einem Ausflug. Das haben wir seit Jahren nicht mehr gemacht. Wir nahmen ein Picknick mit und fuhren an einen Bergsee. Es war ein richtiges Abenteuer. Wir fanden ein herrenloses Floss, auf dem wir eine kleine Kreuzfahrt machten. Es war herrliches Wetter. Wir lagen an der Sonne und plauderten. Wir kamen uns seit langem einmal wieder wirklich nahe. Ich war wie neu verliebt in meine Frau.»

«Wenn Sie eine positive Situation erkannt haben, sollten Sie es nicht dabei belassen, sondern sich auch überlegen, was Sie tun könnten, damit sie sich wiederholt.»

«Es war unser erster gemeinsamer Samstag und die Sache hat sich bewährt. Ich werde in Zukunft jede Woche etwas Aktives mit ihr unternehmen. Es ist auch wichtig, dass wir von zu Hause wegkommen und unsere Familienverpflichtungen ein wenig vergessen können.»

«Was wollen Sie diesen Samstag machen?»

«Die Sonderausstellung von Chagall besuchen. Meine Frau interessiert sich auch dafür. Er ist ihr Lieblingsmaler. Nachher essen wir Lunch auf dem Schiff. Wir machen einen Zwischenhalt, um Freunde, die am See wohnen, zu besuchen. Meine Frau und ich haben uns entschieden, unseren Bekanntenkreis in Zukunft besser zu pflegen. Als unsere Kinder klein waren, mussten wir auf solche Vergnügen verzichten. – Nachher nehmen wir das Schiff zurück.»

«Sehr schön. – Nächstes Mal wollen wir über die Gegenwart sprechen. Auch für die Gestaltung der Gegenwart brauchen wir Informationen aus der Vergangenheit. Ich möchte Ihnen eine kleine Aufgabe geben. Wir haben bis jetzt zu wenig über Ihre Arbeit gesprochen. Sie sollen eine Zeitinventur durchführen und herausfinden, wie Sie Ihre Zeit an einem ganz normalen Arbeitstag tatsächlich verwenden. Sie haben sechs Kategorien: Offizielle Sitzungen, Schreibtischarbeiten, Mitarbeiterbesprechungen, Telefon, Betriebsrundgänge und Geschäftsreisen. Versuchen Sie zu schätzen, wie sich Ihre Zeit auf diese sechs Kategorien verteilt. Überlegen Sie sich gleichzeitig, was Ihre Wunschvorstellung wäre. Wieviel Zeit möchten Sie diesen verschiedenen Kategorien widmen?»

Ich schlug mein Zeitplanbuch auf und machte meine Notizen. Ich hatte vorher noch nie darüber nachgedacht, wie ich meine Zeit im Büro verwende. Das Ergebnis erstaunte mich.

«Wieviel Zeit, schätzen Sie, brauchen Sie für offizielle Sitzungen?»

«Zirka 40 Prozent.»

«Und der Wunsch wäre?»

«Weniger. Sagen wir 30 Prozent.»

«Und für Schreibtischarbeiten?»

«Etwa 40 Prozent. Ich wollte, es wäre viel weniger. Höchstens 10 Prozent.

«Bei Mitarbeiterbesprechungen?»

«Ich schätze 15 Prozent, aber ich sollte viel mehr Zeit für meine Mitarbeiter haben. Mindestens 40 Prozent.

«Und Telefon?»

«Das Telefon habe ich im Griff. Ich schätze, ich verbringe cirka 5 Prozent meiner Zeit am Telefon. Das entspricht auch meinem Wunsch.»

«Betriebsrundgänge?»

«Das ist ein wunder Punkt. Ich mache so gut wie keine Betriebsrundgänge. Ich komme einfach nicht aus meinem Büro heraus. Ich sollte dafür 15 Prozent meiner Zeit einsetzen.»

«Und Geschäftsreisen?»

«Ich mache keine und will auch keine machen.»

«Dann können wir diese Kategorie streichen. – Das nächste Mal wollen wir diese Prozentsätze mit den effektiven Zahlen aus Ihrer Zeitinventur vergleichen. – Heute haben Sie viel Mut gebraucht. Ich finde, Sie machen das sehr gut.»

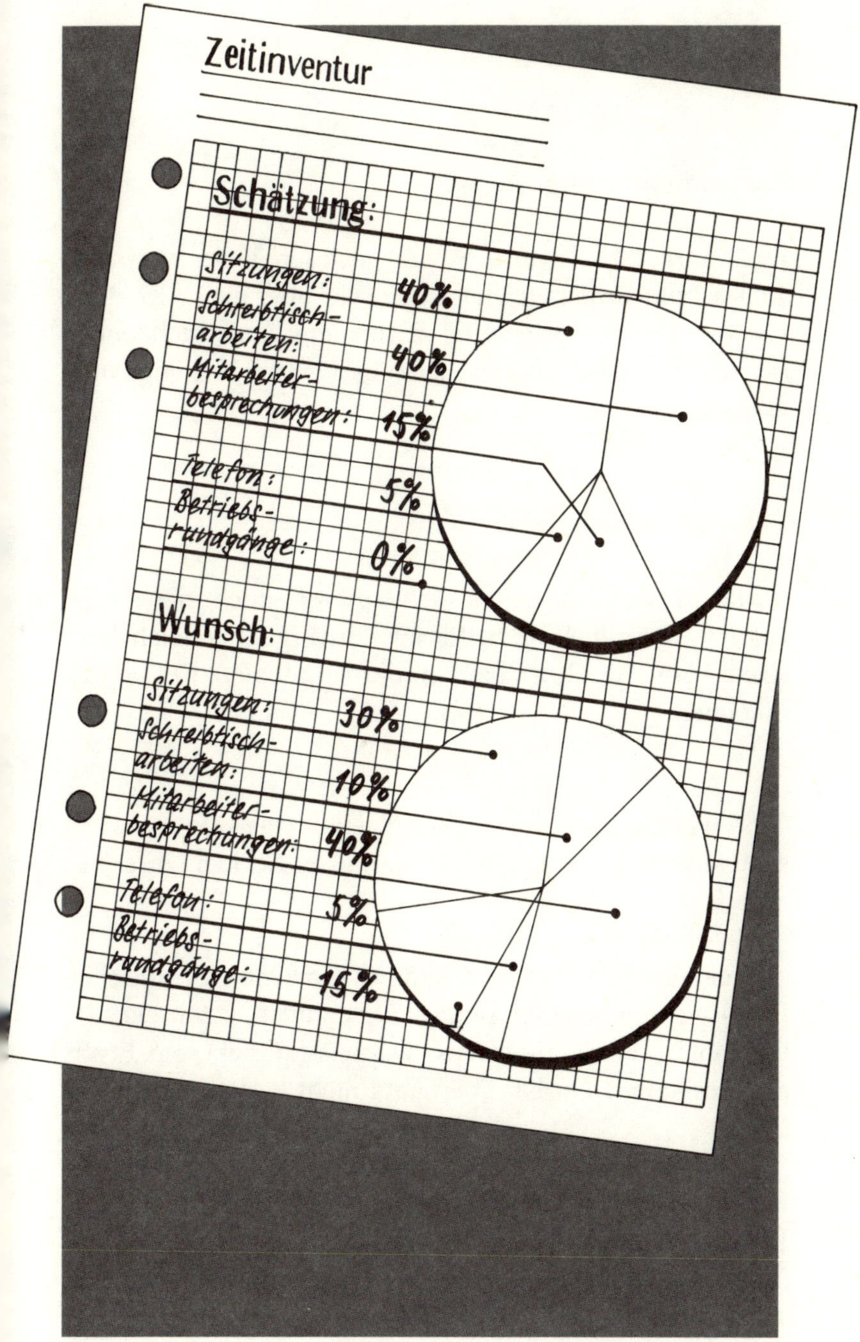
Zeitinventur
Schätzung:
Sitzungen: 40%
Schreibtisch-arbeiten: 40%
Mitarbeiter-besprechungen: 15%
Telefon: 5%
Betriebs-rundgänge: 0%
Wunsch:
Sitzungen: 30%
Schreibtisch-arbeiten: 10%
Mitarbeiter-besprechungen: 40%
Telefon: 5%
Betriebs-rundgänge: 15%

Zusammenfassung

Das war meine schwerste Stunde gewesen. Vieles war in mir aufgewühlt worden. Ich habe auch viel über meine Kindheit und die negative Beziehung zu meinem Vater nachdenken müssen. So habe ich viele Knoten aus der Vergangenheit lösen können.

* Die Grundbotschaften

Haben Sie sich schon überlegt, ob auch Sie solche zukunftsstörende Botschaften aus der Vergangenheit haben? Kreuzen Sie die Botschaft an, die Sie meinen, bei sich zu erkennen.

☐ Angst:
So wie Du bist, ist es nicht gut. Alles was Du machst, ist sicher falsch. Die anderen sind viel besser. Sei nicht du selbst.

☐ Schuld
Wenn etwas schief geht, kann es nur Deine Schuld sein. Den kleinsten Schaden richtest Du dann an, wenn Du alles von Anfang an richtig machst. Du musst perfekt sein. Etwas anderes kannst Du Dir überhaupt nicht leisten.

☐ Wut
Alle wollen Dir Böses tun. Niemand hat gute Absichten. Da wird man erst recht misstrauisch. Sie schauen nur auf ihre eigenen Vorteile und versuchen Dich auszunutzen. Sei auf der Hut.

☐ Traurigkeit
Du bist verlassen und allein. Niemand möchte mit Dir etwas zu tun haben. Du bist unerwünscht, ausgestossen. Du bist Luft. Du dürftest gar nicht existieren.

* Stress

Stress ist eine Energiemobilisierung des Körpers. Wenn ich meinen Körper spüre und ihn genau beobachte, kann ich sofort feststellen, wann ich gestresst werde. Stehen Sie unter Stress?

	Stimmt nicht		Stimmt	
	1	2	3	4
Ich merke, dass mein Puls oft schneller schlägt, und dass ich auf hohen Touren bin.				
Ich habe oft feuchte Hände oder fange plötzlich an zu schwitzen.				
Ich werde manchmal ganz blass.				
Ich habe oft Kopfschmerzen.				
Meine Hände zittern.				
Manchmal habe ich das Gefühl, dass ich nicht genug Luft bekomme.				

Meine Muskeln sind oft angespannt. Mein Nacken ist manchmal steif.				
Meine Verdauung funktioniert nicht einwandfrei. Ich habe Probleme mit dem Magen.				
Ich habe manchmal Schmerzen, die nicht lokalisiert werden können. Ein Arzt würde wahrscheinlich nichts feststellen.				
Wenn ich abends nach Hause komme, bin ich ganz erschöpft und mag nichts mehr unternehmen.				

*** Der Wochenrückblick**

Damit ich mich in Zukunft nicht mehr so stressen lasse, versuche ich die schlimmsten Stresssituationen zu vermeiden. Im Wochenrückblick halte ich alle Erlebnisse fest, die stark emotional geladen waren.

Versuchen Sie es auch. Sie werden sich viel Stress ersparen können, wenn Sie wöchentlich diese Übung machen:

Denken Sie an eine Situation, in der Sie sich aufregten, Angst oder Schuldgefühle hatten, traurig oder wütend waren.

Beipiel: Ich habe mich am Samstag so aufgeregt, dass das ganze Wochenende mit der Familie in die Brüche ging.

Ihr «Absteller»: ______________________________

____

____

Was war der Grund?

Beispiel: Ich kam müde nach Hause. Überall herrschte eine Sauordnung. Alles lag herum, das Essen war noch nicht fertig, eine Fensterscheibe war kaputtgeschlagen worden und aus meinen Schreibtisch hatte wieder einmal jemand alle Schreibgeräte entwendet. Ich musste stundenlang nach ihnen suchen.

Ihr Grund: ______________________________

____

____

____

____

Wann hatten Sie ein ähnliches Erlebnis?

Beispiel: Im letzen Urlaub. Da hatte meine Frau vergessen, meine Bücher einzupacken, die ich am Strand lesen wollte und auf die ich mich schon lange gefreut hatte.

Ihr Erlebnis: ______________________________

____

____

____

____

Was können Sie veranlassen, damit sich solche Stresssituationen nicht wiederholen?

Beispiel: Ich glaube immer, dass sie es mit Absicht machen, um mich zu provozieren, was natürlich nicht stimmt. Ich werde mir ein Zimmer einrichten, wo ausser mir niemand Zutritt hat. Hier herrscht «meine» Ordnung.

Wenn ich abends müde nach Hause komme, gehe ich zuerst dort hin und versuche, mich zu entspannen. Habe ich mich dann etwas erholt, kann ich alles viel leichter ertragen.

Ihre Lösung: ______________________________

____

____

____

____

____

____

____

*** Positive Erlebnisse**

Aber auch die erfreulichen Erlebnisse halte ich in meinem Wochenrückblick fest. Die «Aufsteller» helfen mir, mit den Alltagsproblemen besser fertig zu werden. Ich habe eine Liste mit allen Dingen, die mir besonders Spass machen, zusammengestellt und darüber nachgedacht, was ich veranlassen könnte, damit sie sich öfter wiederholen.

Probieren Sie es auch!

Sachen, die mir besonders Spass machen:	Wie kann ich sie öfter wiederholen:
Beispiel: Mit Freunden in die Sauna gehen und nachher Karten spielen. Dazu ein kühles Bier trinken.	Einen festen Abend in der Woche abmachen.

Bestimmen Sie 5 Dinge, die Ihnen besonderen Spass machen:

1. ______________________________

____

____

____

____

____

2. ______________________________

____

____

____

____

____

3. ______________________________

____

____

____

4.

5.

Vierte Stunde:
GEGENWART

Ich war völlig durcheinander. Meine Gedanken gingen im Kreis. Ich hatte Kopfschmerzen und war von der Hektik des Tages noch total mitgenommen. Die letzte Stunde hatte wohl nicht viel genützt. Ich fühlte mich wie ein schlechter Schüler, der seine Hausaufgaben nicht gemacht hatte. Da ich wusste, dass ich meinem Zeitberater nichts verheimlichen konnte, erzählte ich ihm davon schon auf dem Weg zu seinem Arbeitszimmer.

«Heute bin ich völlig im Stress. Trotz Ihrer guten Ratschläge vom letzten Mal.»

«Was wollen Sie dagegen tun?»

«Darf ich mich zehn Minuten hinsetzen und versuchen, mich zu entspannen?»

«Das ist eine gute Idee. Bitte, nehmen Sie Platz. Ich komme in zehn Minuten wieder.»

Er verschwand, und ich liess mich in den Sessel sinken. Zuerst konnte ich gar nicht abschalten. Dann aber erinnerte ich mich an eine Übung, die mein Arzt mir empfohlen hatte. Ich schloss die Augen und sagte jedem Teil meines Körpers persönlich, dass er sich entspannen solle. Nach einer Weile merkte ich, dass ich ganz ruhig atmete, mein Herz schlug langsamer, meine Kopfschmerzen waren verschwunden. – Er kam zurück. Ich war überrascht, dass die zehn Minuten so schnell verflogen waren.

«Wie fühlen Sie sich?»

«Besser.»

«Sie haben genau das Richtige getan. Und die zehn Minuten sind nicht verloren, weil Sie jetzt präsent sind und sich deshalb viel besser auf unser Gespräch konzentrieren können. So sollten Sie es jedesmal machen, wenn Sie wieder

Ihren Rhythmus verloren haben. Auch im Geschäft. Wenn Sie entspannt sind, können Sie viel besser arbeiten.»

«Mich ärgert es trotzdem, dass ich mich so stressen lasse.»

«Erzählen Sie, was heute passiert ist.»

«Ich habe über meine Zeit genau Buch geführt, wie Sie es von mir verlangten. – 08.11 Uhr: Im Büro angekommen. Wegen mehreren Baustellen bin ich gemäss Plan elf Minuten zu spät. 08.14 Uhr: Sitze an meinem Schreibtisch und will die heutige Post bearbeiten. 08.17 Uhr: Herr Bruno kommt ins Büro.»

«Was wollte er?»

«Er wollte Preis und Liefertermin für ein Produkt wissen, das einem wichtigen Kunden offeriert werden soll. Gespräch nach vier Minuten beendet. 08.22 Uhr: Besuch eines wichtigen Lieferanten. Das Gespräch dauert cirka zwanzig Minuten.»

«War er bei Ihnen angemeldet?»

«Nein. Es war eher ein Höflichkeitsbesuch. – 08.46 Uhr: Ich muss mich für die Mitarbeitersitzung um neun Uhr vorbereiten. 08.51 Uhr: Der Produktionschef kommt mit Personalproblemen. Er hat keinen Nachfolger für seinen ausscheidenden Stellvertreter. Ich hätte schon längst ein Stelleninserat aufgeben sollen. Er will mir klar machen, wie dringend es ist. Ich verspreche ihm, es noch heute zu tun.»

«Haben Sie es getan?»

«Nein, dazu war leider keine Zeit. – 09.06 Uhr: Die Mitarbeitersitzung beginnt. Sie dauerte über zwei Stunden. Eine volle Stunde länger als geplant.»

«Was hat denn so viel Zeit in Anspruch genommen?»

«Es ging um den Bau eines neuen Lagers. Ich wünschte, ich wäre besser vorbereitet gewesen. Es wurde viel hin und her geredet, wir mussten mühsam alle Informationen zusammensuchen. Und viel kam dabei auch nicht heraus.»

«Hatten Sie keine Tagesordnung?»

«Nein. – Um 11.15 Uhr nehme ich die Post wieder hervor. 11.21 Uhr kommt Herr Bruno in mein Büro. Er möchte die Vorbereitungen für die Messe besprechen und Anweisungen erhalten. 11.33 Uhr: Ich bitte meine Sekretärin zum Diktat.»

«Was diktieren Sie?»

«Alle Briefe, die ich schreiben muss. Um 11.38 Uhr kommt der Werbeleiter zu mir und bittet um einen Termin für Photoaufnahmen. Er braucht ein Photo von mir für den neuen Prospekt. Um 11.49 Uhr muss ich das Diktat unterbrechen, weil ich dem Verkaufsleiter die Offerte für einen Grosskunden noch vor Mittag versprochen habe. Ich bitte meine Sekretärin, keine Anrufe mehr durchzustellen und schliesse meine Tür. 11.55 Uhr: Der Verkaufsleiter schaut herein. Er erkundigt sich nach der Offerte. Ich vertröste ihn auf ein Uhr.»

«Wie kam der Verkaufsleiter zu Ihnen hinein? Ich dachte, Sie wollten nicht gestört werden.»

«Für meine Mitarbeiter habe ich immer eine offene Tür. – Da ich über Mittag im Büro bleibe, bitte ich um 12.02 Uhr meine Sekretärin, mir ein Sandwich und einen Kaffee zu besorgen. 12.33 Uhr: Bin mit der Offerte fertig. Bringe sie persönlich zum Verkaufsleiter. Er ist nicht in seinem Büro. Schreibe ihm einen Zettel und lege alles auf seinen Tisch. 12.44 Uhr: Für den Nachmittag habe ich mir vorgenommen, endlich alle Preise durchzukalkulieren. Eine Preisanpassung

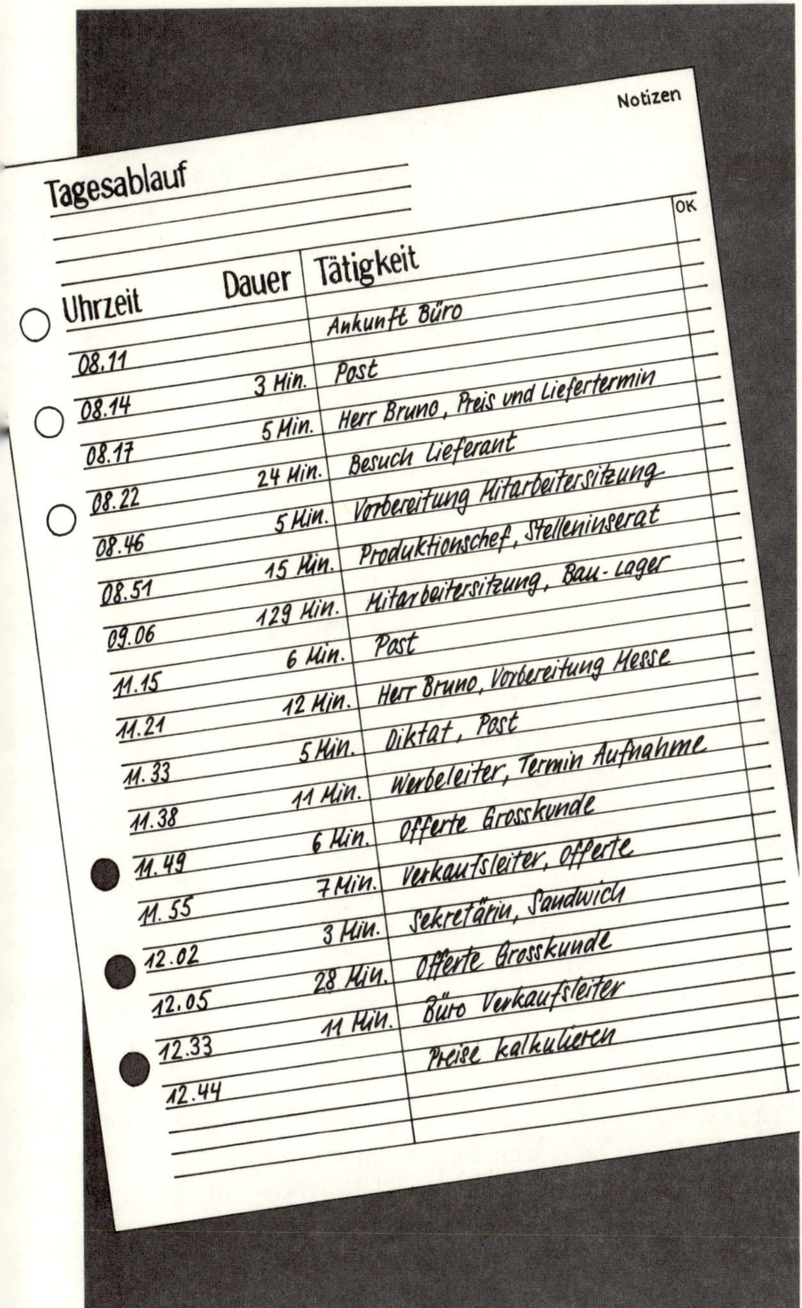

Notizen

Tagesablauf

Uhrzeit	Dauer	Tätigkeit	OK
		Ankunft Büro	
08.11	3 Min.	Post	
08.14	5 Min.	Herr Bruno, Preis und Liefertermin	
08.17	24 Min.	Besuch Lieferant	
08.22	5 Min.	Vorbereitung Mitarbeitersitzung	
08.46	15 Min.	Produktionschef, Stelleninserat	
08.51	129 Min.	Mitarbeitersitzung, Bau-Lager	
09.06	6 Min.	Post	
11.15	12 Min.	Herr Bruno, Vorbereitung Messe	
11.21	5 Min.	Diktat, Post	
11.33	11 Min.	Werbeleiter, Termin Aufnahme	
11.38	6 Min.	Offerte Grosskunde	
11.49	7 Min.	Verkaufsleiter, Offerte	
11.55	3 Min.	Sekretärin, Sandwich	
12.02	28 Min.	Offerte Grosskunde	
12.05	11 Min.	Büro Verkaufsleiter	
12.33		Preise kalkulieren	
12.44			

ist seit langem fällig. Aber der Nachmittag war noch hektischer. Soll ich weitererzählen?»

«Nein, das reicht. Ich kann mir jetzt genau vorstellen, wie Ihr Nachmittag verlief. Ich nehme an, Sie haben es heute nicht mehr geschafft, Ihre Preise zu kalkulieren.»

«Nein, obwohl ich es mir im Tagesplan ganz fest vorgenommen hatte. Die Zeit reichte einfach nicht aus.»

Die Zeitdiebe

«Die Zeit scheint Ihnen durch die Finger zu rinnen.»

«Ich habe oft das Gefühl, dass sie mir gestohlen wird.»

«Wer sind die Zeitdiebe?»

«Heute morgen waren es die Mitarbeiter, Kunden, Lieferanten, Besucher, das Telefon, Sitzungen und der ganze Papierkram. Alle stehlen meine Zeit.»

«Haben Sie es bereits vergessen? Ein Finger zeigt nach vorn und drei zeigen auf Sie zurück.»

«Sie meinen, ich bin daran schuld, dass mir die Zeit gestohlen wird? Da kann ich doch nichts dagegen machen.»

«Sie können nichts dagegen machen, so lange Sie sich als Opfer betrachten und äusseren Umständen die Schuld für die verlorene Zeit geben. Wenn Sie mit Ihrer Zeit nicht zurecht kommen, kann es nur daran liegen, dass Sie sich gegen Ihre Zeitdiebe nicht wehren können. Alle können Sie jederzeit in Ihrer Arbeit stören. Sie sind immer erreichbar. Wenn ein Mitarbeiter unangemeldet in Ihr Büro kommt, hören Sie ihm zu, wenn das Telefon läutet, nehmen Sie es ab, wenn ein Besucher kommt, empfangen Sie ihn. Wenn jemand Ihnen

11
12
1
2
3
4
5
6

einen Brief schreibt, beantworten Sie ihn persönlich. – Im wesentlichen sind Ihre «Diebe von aussen» nur Statisten eines Hauptakteurs: der Unfähigkeit, «nein» zu sagen.»

«Ich sage viel lieber «ja».»

«Es ist viel einfacher. Durch die Erziehung sind wir zum Ja-Sagen erzogen worden, das Nein-Sagen wurde als Ungehorsamkeit bestraft – oft dadurch, dass die Eltern uns ihre Liebe entzogen.»

«Aber ich bin doch kein Kind mehr!»

«Bekommen Sie kein schlechtes Gewissen, wenn Sie «nein» sagen? Glauben Sie nicht, dass der andere dadurch beleidigt wird? Haben Sie nicht Angst, dass er Sie nicht mehr sympathisch finden wird, wenn Sie seine Bitte abschlagen?»

«Doch.»

«Sie haben es wahrscheinlich besonders schwer, «nein» zu sagen, weil Sie sich bei allen beliebt machen wollen, und besonders viel Angst haben, wie von Ihrem Vater, abgelehnt zu werden. Aber Sie haben das Recht, auch «nein» zu sagen. Es ist sogar ganz falsch, «ja» zu sagen, wenn Sie «nein» meinen. Das rächt sich in doppelter Weise.»

«Wie denn?»

«Wenn Sie jemandem gegen Ihren eigenen Willen einen Gefallen tun, schaden Sie nicht nur sich selbst, sondern Sie machen Ihr Gegenüber zum Zeitdieb. Er kam im guten Glauben zu Ihnen, aber Sie können sich seiner Sache kaum mit grosser Begeisterung annehmen. Diese Halbherzigkeit ist auch für den anderen schlecht. – Ein Beispiel: Sie haben immer eine offene Tür. Jeder darf bei Ihnen eintreten. Ein Mitarbeiter kommt zu Ihnen und möchte etwas mit Ihnen besprechen. Sie sitzen an der Kalkulation Ihrer Preise und werden zum zehnten Mal gestört. Ich glaube kaum, dass Sie in der Lage sind, sich sofort umzustellen und voll auf ihn einzugehen.»

«Das stimmt. – Aber wie soll ich ihm erklären, dass ich nicht gestört werden will? Soll ich «nein» brüllen oder «raus» schreien? Damit würde ich doch das gute Arbeitsklima und den Teamgeist in meiner Firma kaputt machen.»

«Wir können so «nein» sagen, dass es jeder versteht und dadurch nicht beleidigt wird. Wenn jemand Sie als Person respektiert, dann wird er auch Ihre Grenzen achten.»

«Grenzen?»

«In jeder Beziehung – auch in einem Arbeitsverhältnis – ist es wichtig, unsere Grenzen zu zeigen, sonst können wir nicht als selbständige Individuen leben. In der Ehe kann man Grenzenlosigkeit besonders gut beobachten. Mann und Frau schmelzen zu einem formlosen Klumpen zusammen, weil sie einander gegenüber keine Grenzen mehr haben. Die Frau wird zu einem Teil des Mannes und umgekehrt. Es gibt kein Du mehr, nur noch die totale Abhängigkeit. Sie halten einander gefangen, weil sie nicht ohne den anderen existieren können. Die Frau hat keine eigene Meinung, sondern muss immer ihren Mann fragen. Der Mann kann nicht für sich selbst sorgen, so dass die Frau für ihn kochen und waschen muss. Es sind krankhafte Beziehungen, in denen beide Teile unglücklich sind.»

«Meine Frau kocht und wäscht für mich. Ist das krankhaft?»

«Nur, wenn Sie das Gefühl haben, Sie würden untergehen, wenn Sie allein zurecht kommen müssten. Wenn Sie nicht wissen, wie eine Waschmaschine funktioniert und wie man ein Ei kocht, dann sind Sie doch ziemlich auf Ihre Frau angewiesen.»

«Ich komme schon zurecht. Aber ich denke immer, dass meine Frau von mir total abhängig ist. Vor allem in finanziellen Belangen.»

«Sie tragen die finanzielle Verantwortung allein?»

«Ja. Eigentlich stört mich das. Meine Frau hat keine Beziehung zum Geld. Ich habe oft den Eindruck, sie glaubt, es gäbe davon zuviel und man müsse es deshalb so schnell wie möglich zum Fenster hinauswerfen. Es ärgert mich auch, dass meine Frau – wie Sie sagen – keine eigene Meinung hat. Sie versucht immer, sich anzupassen. Deshalb provoziere ich sie manchmal, um herauszufinden, was sie wirklich denkt.»

«Sie können Grenzen setzen, indem Sie einen Teil der finanziellen Verantwortung Ihrer Frau übertragen. Das wird ihr Selbstwertgefühl steigern.»

«Soll ich sie auf den Arbeitsmarkt schicken?»

«Das muss Ihre Frau entscheiden. Aber Sie könnten ihr doch zum Beispiel einen gewissen Betrag zur Verfügung stellen, mit dem sie alle Ausgaben für sich und den ganzen Haushalt bestreiten müsste. Sie überlassen es ganz Ihrer Frau, wie sie mit dem Geld disponiert. Das entlastet Sie und durch die Verantwortung gewinnt Ihre Frau an Selbständigkeit. Das wird auch ihrem Selbstwertgefühl zu Gute kommen.»

«Da kennen Sie meine Frau schlecht.»

«Sie scheinen wenig Vertrauen in Ihre Frau zu haben. Sie trauen sich offenbar selbst nicht ganz. Das macht sich auch im Umgang mit Ihren Mitarbeitern bemerkbar. Für jede Kleinigkeit werden Sie konsultiert. Herr Bruno, der Produktionschef und der Verkaufsleiter sind doch überhaupt nicht selbständig. Überall haben Sie Ihre Finger im Spiel. Sie können nicht delegieren. Gerade beim Delegieren ist es wichtig «nein» zu sagen, bzw. Grenzen zu setzen.»

«Wieso?»

«Weil Mitarbeiter oft aus Unsicherheit dazu neigen, die Verantwortung wieder bei ihren Vorgesetzen abzuladen.»

«Das stimmt. Alle Probleme werden an mich weitergeleitet. Wenn zum Beispiel ein schwieriger Kunde anruft, habe ich ihn früher oder später am Telefon. Dann stellt sich heraus, dass er irgend etwas Unwichtiges wissen wollte, über das auch jeder andere hätte Auskunft geben können. Das ärgert mich sehr.»

«Sie müssen Ihre Mitarbeiter zur Selbständigkeit erziehen. Auch wenn ein Mitarbeiter einen grossen Fehler macht, dürfen Sie sich nicht einmischen und ihm die Verantwortung wieder abnehmen. Darüber haben wir das letzte Mal schon gesprochen. Aber ich möchte es Ihnen noch einmal anhand eines Beispiels aus dem Privatleben zeigen. – Hat Ihre Frau ein Auto?»

«Nein. Am Samstag beim Einkaufen nimmt sie meines.»

«Stellen Sie sich vor, es ist Samstag morgen. Sie frühstükken gerade und geniessen die Ruhe. Ihre Frau will einkaufen gehen und Sie übergeben ihr den Wagenschlüssel. Sie hören, wie sie losfährt. Plötzlich ein Knall, das Geräusch vom zerdrücktem Blech und zerschlagenem Glas. Sie schauen aus dem Fenster und sehen, dass Ihre Frau das korrekt parkierte Auto Ihres Nachbarn gerammt hat. Was machen Sie?»

«Ich laufe natürlich hinaus, um zu sehen, ob ihr etwas passiert ist.»

«Es ist ihr überhaupt nichts passiert. Keine Schramme.»

«Dann würde ich fragen, wie das geschehen konnte.»

«Sie wären dabei natürlich überhaupt nicht aufgeregt. Sie würden ihr sicher keinen Vorwurf machen. Sie würden gar nicht an die Kosten denken. Stimmt's?»

«Nein, natürlich wäre ich aufgeregt, wenn sie so eine Dummheit macht. Sie müsste mir eine gute Erkärung geben.»

«Sie wollte ein bisschen Lippenstift während des Fahrens auftragen.»

«Da würde ich platzen.»

«Das ist zwar sehr menschlich, aber völlig falsch. Sie würden Ihrer Frau Vorwürfe machen und sie würde sich verteidigen. Sie würde kontern, und Sie an die Beulen erinnern, die Sie gemacht haben. Oder vielleicht würde sie weinend zusammenbrechen, sich ins Schlafzimmer einschliessen und das Auto nie mehr anrühren. Wer dürfte dann wohl das Auto in die Garage bringen und seine Frau zum Einkaufen fahren?»

«Aber wie soll man denn reagieren?»

«Sie brauchen gar nicht zu reagieren. Nachdem Sie festgestellt haben, dass sie unverletzt ist, können Sie zu Ihrem gemütlichen Frühstück zurückkehren und es weiter in Ruhe geniessen. Ihre Frau sieht die Beule doch auch und weiss, dass man das Auto in die Garage bringen muss. Sie wird sich auch ärgern, solange Sie sich nicht ärgern und ihr die Verantwortung abnehmen. In dem Moment, wo Sie die Schlüssel Ihrer Frau übergeben haben, haben Sie ihr auch die Verantwortung für das Auto übergeben. Warum die Verantwortung zurückreissen, wenn etwas schief geht? Sind Sie so versessen darauf, sich mit Problemen zu befassen, die Sie gar nicht verursacht haben?»

«Also heisst Grenzen setzen, die Verantwortung schön bei den anderen lassen und sich nicht einmischen.»

«Beim Delegieren ja. Aber Sie müssen auch andere Grenzen setzen. Gegenüber dem Telefon und gegenüber Besuchern – seien es nun Mitarbeiter oder wichtige Kunden. Sie müssen Grenzen in den Sitzungen und in Ihrer Korrespondenz setzen. Sonst werden Sie von Ihren Zeitdieben ausgeraubt und nie in der Lage sein, einen Tagesplan zu erstellen, den Sie auch einhalten können.»

«Ist Grenzen setzen das gleiche wie Prioritäten setzen?»

«Ja. – Prioritäten setzen, heisst, Wichtiges von Unwichtigem zu unterscheiden. Grenzen setzen, bedeutet, etwas zu schützen, was einem wichtig ist.»

«Könnte man sagen, dass ich nicht imstande bin, Prioritäten zu setzen?»

«Ich finde den Begriff «Grenzen setzen» besser, weil er genau das ausdrückt, was Sie tun müssen, nämlich sich von Ihrer Umwelt abgrenzen und auf das achten, was Ihnen wertvoll ist. Bei Prioritäten denkt man meistens nur an die Gewichtung von Aufgaben, aber selten an die Regelung von zwischenmenschlichen Beziehungen. Ich glaube, Sie können Prioritäten setzen. Aber was nützt das, wenn Sie nicht imstande sind, das zu schützen, was Ihnen wichtig ist? – Gegen welchen Zeitdieb können Sie sich am wenigsten wehren?»

«Gegen die vielen, aber oft wenig ergiebigen Sitzungen.»

«Wieviel Zeit verbringen Sie gemäss Ihrer Zeitinventur damit?»

«59 Prozent.»

«Das ist eine grosse Überraschung. Sie schätzten den Zeitaufwand nur auf 40 Prozent, und wollten ihn sogar auf 30 Prozent kürzen. Sie sind also um 29 Prozent von Ihrem Wunschziel entfernt. Warum verbringen Sie so viel Zeit mit Sitzungen?»

«Ich möchte auf dem Laufenden sein und ausserdem mein Engagement und meine Präsenz demonstrieren.»

«Sie nehmen praktisch an jeder Sitzung teil?»

«Ja.»

«Glauben Sie wirklich, Ihre Mitarbeiter schätzen es, wenn Sie überall Ihre Nase reinstecken?»

«Wahrscheinlich nicht.»

«Ich bin sicher, dass sie auch ohne Sie zurecht kämen.»

«Ich möchte nur die Übersicht behalten.»

«Aha. Sie sind gewohnt – vor allem aus der Zeit, wo Ihr Unternehmen noch klein und übersichtlich war – alle Fäden in der Hand zu halten. Sonst haben Sie das Gefühl, Sie hätten die Lage nicht mehr unter Kontrolle.»

«Es ist wieder ein Delegationsproblem, nicht wahr?»

«Sie müssen Ihren Mitarbeitern vertrauen. Nur so können Sie auf Ihre gewünschten 30 Prozent Zeitanteil kommen. Und damit die Sitzungen nicht zu lange dauern, führen Sie einen Zeitplan ein, mit genauen Zeitlimiten für jedes Traktandum.»

«Was passiert, wenn ein Punkt nicht zu Ende besprochen und keine Entscheidung gefallen ist? Da kann man doch nicht einfach abbrechen.»

«Die Erfahrung zeigt, dass eine Sitzung, bei der drei Entscheidungen zu fällen sind, in der Regel genau so lange dauert, wie eine Sitzung, bei der zehn Entscheidungen

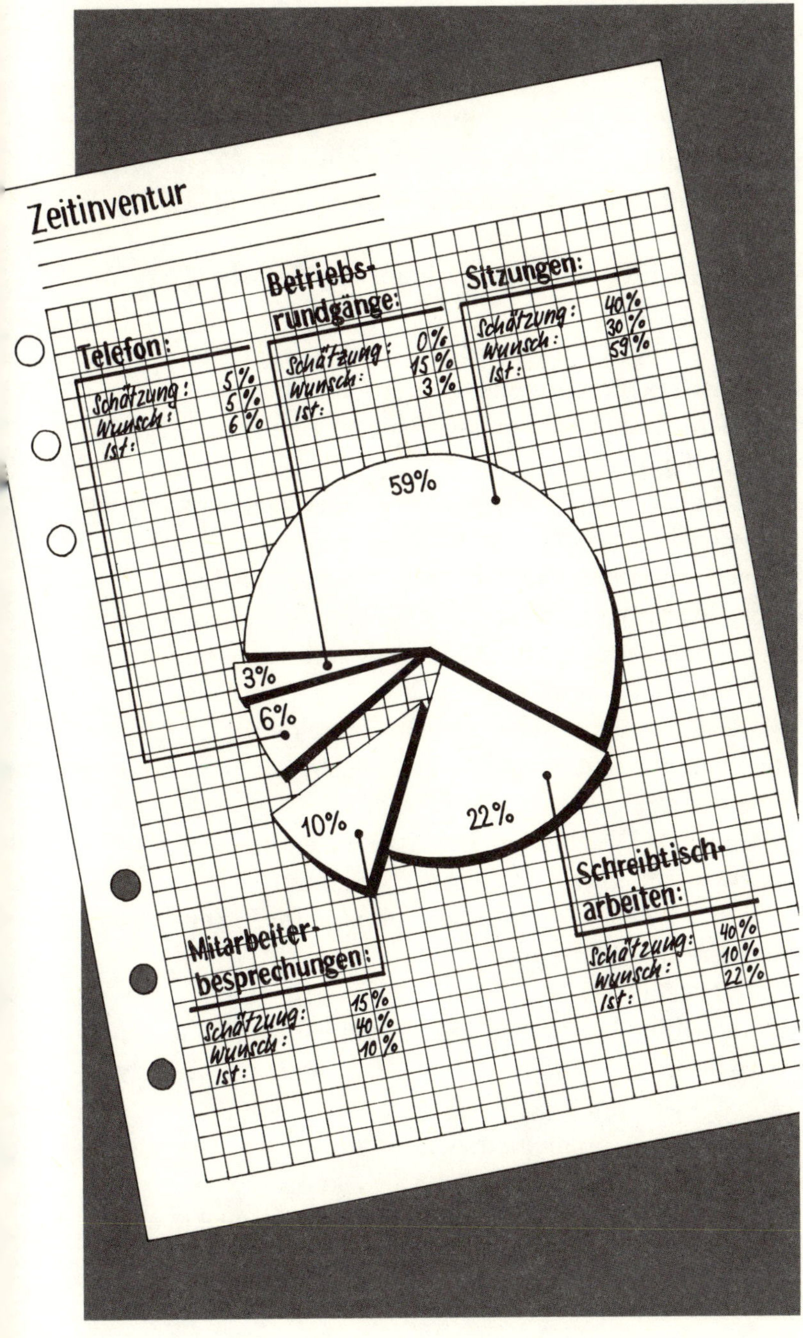

Zeitinventur
Betriebs-
rundgänge:
Sitzungen:
Telefon:
Schätzung: 5%
Wunsch: 5%
Ist: 6%
Schätzung: 0%
Wunsch: 15%
Ist: 3%
Schätzung: 40%
Wunsch: 30%
Ist: 59%
59%
3%
6%
10%
22%
Schreibtisch-
arbeiten:
Schätzung: 40%
Wunsch: 10%
Ist: 22%
Mitarbeiter-
besprechungen:
Schätzung: 15%
Wunsch: 40%
Ist: 10%

auf der Traktandenliste stehen. Wenn weniger Zeit vorhanden ist, konzentriert man sich automatisch auf das Wichtigste.»

«Dann würde nach Ihrer Erfahrung die angesetzte Zeit immer ausreichen?»

«Ausser die Sitzung wurde zu wenig vorbereitet, oder die Sache ist noch nicht genügend durchdacht.»

«Solche Traktanden müsste man auf eine spätere Sitzung verschieben.»

«Ja. Ein weiterer grosser Vorteil eines Zeitplans ist, dass man während der Sitzung zu einem bestimmten Zeitpunkt Fachleute einladen kann, die nur zu dem einen Traktandum einen Beitrag zu leisten haben. Gewöhnlich müssen solche Leute einer Sitzung von Anfang bis zum Ende beiwohnen und vertrödeln damit ihre Zeit.»

«Das kenne ich. – Der Zeitplan ist keine schlechte Idee. Auch ich müsste eigentlich nur bei bestimmten Traktanden anwesend sein.»

«Genau. – Welches ist der nächste Zeitdieb?»

«Ich würde sagen, der ganze Papierkram.»

«Wieviel Zeit verbringen Sie gemäss Ihrer Zeitinventur mit Schreibtischarbeit?»

«22 Prozent.»

«Auch hier haben wir grosse Unterschiede. Geschätzt haben Sie Ihren Zeitaufwand auf 40 Prozent und Wunschziel waren 10 Prozent.»

«Ich hasse es, an meinem Schreibtisch zu sitzen. Ich finde, es passiert nichts. Ich bin mehr für Aktion.»

«Hier haben Sie ein gutes Beispiel für das subjektive Zeitempfinden. Ihnen kommt die Zeit am Schreibtisch sehr lang vor, weil Sie diese Arbeit nicht mögen. Deshalb haben Sie diesen Zeitanteil mit 18 Prozent unterschätzt. Sie möchten aber nur 10 Prozent Schreibtischarbeit leisten. Weil es Ihnen keinen Spass macht, wollen Sie sie auf ein absolutes Minimum reduzieren. Sind 10 Prozent realistisch?»

«Nein, ich glaube nicht. Aber 22 Prozent sind zu viel.»

«Sie machen hier wahrscheinlich den gleichen Fehler wie bei den Sitzungen. Lassen Sie die Post vorsortieren und delegieren Sie die meiste Korrespondenz?»

«Die ganze Post kommt zu mir und ich verteile sie dann unter die Mitarbeiter. Aber vieles muss ich selbst erledigen. Es geht so ja auch am schnellsten.»

«Aber auf Kosten Ihrer Zeit. Der ganze Papierkram muss nicht über Ihren Tisch laufen. Genauso gut kann jemand anders die Post verteilen.»

«Da kommt mir wieder mein Bedürfnis, über alles informiert zu sein, in die Quere.»

«Ja. – Und wenn ich Sie wäre, würde ich mit dem Diktieren aufhören. Schreiben Sie lieber einen Kurzbrief. Oder noch besser: Geben Sie Ihre Antwort in Stichworten direkt auf dem zu beantwortenden Brief an und lassen Sie die Sekretärin den Brief formulieren.»

«Ich bin aber sehr kritisch, was das Formulieren der Briefe betrifft. Da bin ich ein Ästhet.»

«Man kann nicht alles haben. Ihre Sekretärin wird am Anfang sicher viele Fehler machen und nachher – wenn sie es gelernt hat – ihren eigenen Briefstil haben. Das müssen Sie aber tolerieren. Dass Sie sich die Zeit nehmen und Ihre Briefe selbst formulieren, bringt Ihnen keinen einzigen Franken mehr Umsatz. Eher das Gegenteil. Sie verlieren Zeit für die wichtigsten Aufgaben, und die Kreativität Ihrer Sekretärin bleibt ungenützt.»

«Sie haben Recht. Aber es wird mir schwer fallen.»

«Wenn Sie merken, wieviel Zeit Sie dadurch sparen, wird es Ihnen bestimmt leichter fallen. – Was oder wer ist der nächste Zeitdieb, den Sie fassen möchten? Ihre Mitarbeiter?»

«Meine Mitarbeiter sind keine Zeitdiebe. Ich habe eher zu wenig Zeit für sie, nur 10 Prozent.»

«Geschätzt haben Sie 15 Prozent und gewünscht 40 Prozent. Eine Soll-Ist-Abweichung von ganzen 30 Prozent. Sie möchten mehr Zeit für Ihre Mitarbeiter haben, aber ich habe das Gefühl, dass sie Sie andauernd stören. Wie kommt das?»

«Sie kommen immer zwischendurch. Entweder über das Telefon oder wenn sie in mein Büro hineinplatzen.»

«Dass Sie zu wenig Zeit für sie haben, gibt Ihnen ein schlechtes Gewissen. Das hindert Sie daran, hier eine Grenze zu setzen.»

«Dann habe ich aber noch weniger Zeit für sie.»

«Nein, mehr. Die Zeit, die Sie bei den Sitzungen eingespart haben, können Sie für Ihre Mitarbeiter einsetzen. Aber geplant, so dass Sie nicht gestört werden. Dann brauchen Ihre Mitarbeiter nicht mehr zwischendurch zu kommen.»

«Und wenn sie plötzlich dringend eine Auskunft oder einen Entscheid brauchen? Dann können sie doch nicht warten, bis ich Zeit habe.»

«Wenn Sie in einer Sitzung, bei einem Kunden oder sogar in den Ferien sind, müssen sie warten. Stellen Sie sich vor, Sie seien krank. Rufen Ihre Mitarbeiter bei Ihnen Zuhause an?»

«Nein, sie wissen, dass ich das nicht schätze.»

«Also warten sie brav mit all den dringenden Sachen, bis

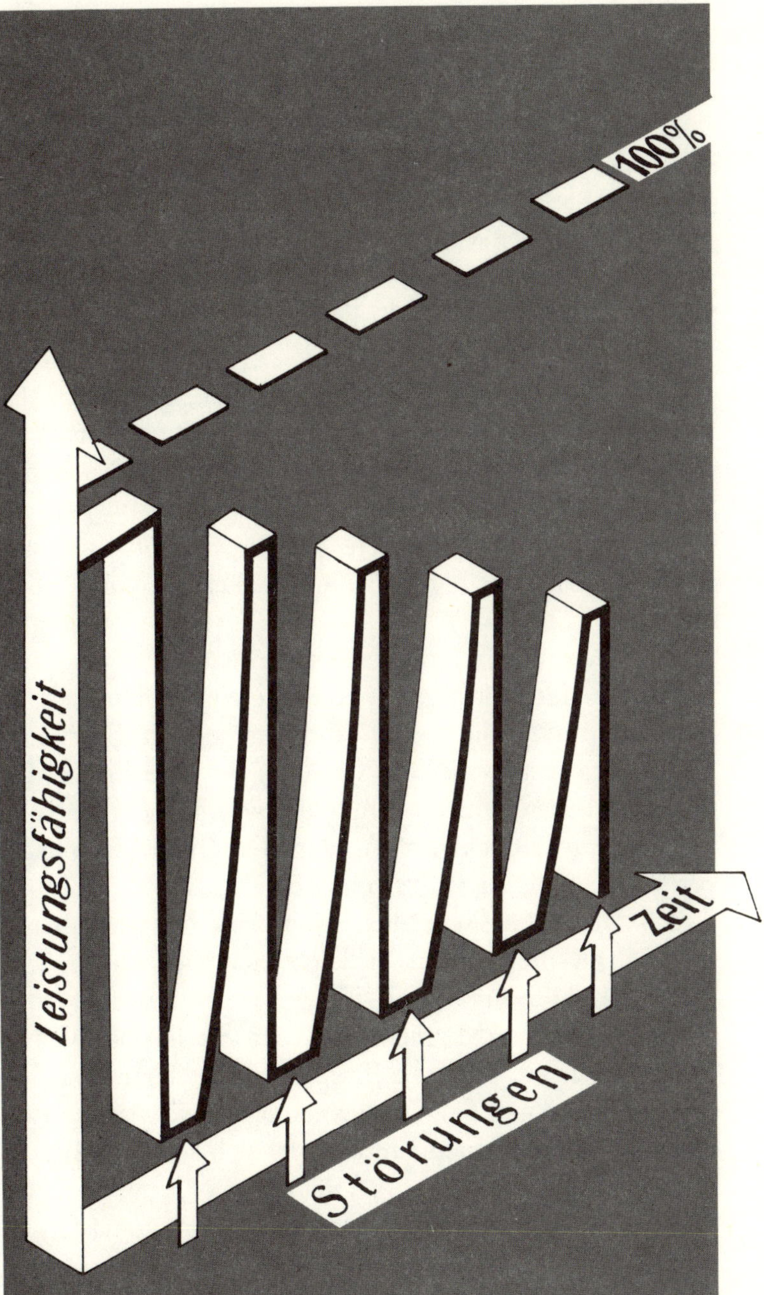
100%
Leistungsfähigkeit
Zeit
Störungen

Sie wieder zurück sind. Wenn Sie sich andauernd stören lassen, dann haben Sie den Sägeblatt-Effekt.»

«Was ist denn das?»

«Morgen wollen Sie doch Ihre Verkaufspreise kalkulieren. Wie lange werden Sie dafür brauchen?»

«Ungefähr eine Dreiviertelstunde.»

«Stellen Sie sich vor, Sie sind gerade fleissig am Arbeiten. Das Telefon klingelt. Herr Bruno möchte etwas von Ihnen wissen. Sie müssen Ihre Arbeit unterbrechen. Nach fünf Minuten dürfen Sie endlich den Hörer wieder auflegen und sich Ihren Zahlen zuwenden. Können Sie sofort mit der gleichen Leistungsfähigkeit weiterarbeiten wie vor der Störung?»

«Nein, ich muss mich wieder einarbeiten.»

«Nach jeder Störung brauchen Sie eine Anlaufszeit, bis Sie wieder in der Sache drin sind. Und je mehr Störungen Sie haben, desto schneller verlieren Sie Ihre Konzentrationsfähigkeit. Dadurch erreichen Sie nie mehr dasselbe Leistungsniveau wie am Anfang. Durch die Störungen verlieren Sie bis zu 30 Prozent Zeit.»

«Ich muss mit meinen Mitarbeitern eine Zeit vereinbaren, wann ich zu sprechen bin. Vielleicht indem ich eine tägliche Sprechstunde fixiere.»

«Das wäre eine Möglichkeit. Wenn Sie flexibel bleiben wollen, reicht es, wenn Sie Ihre Mitarbeiter dazu erziehen, eine geschlossene Tür zu respektieren, und sie wissen zu lassen, dass Sie jetzt einen «Termin mit sich selbst» haben.»

«Dann kommen sie übers Telefon.»

«Wieviel Zeit verbringen Sie am Telefon, gemäss Ihrer Zeitanalyse?»

«Nur 6 Prozent.»

«Das ist nicht viel. Anscheinend nutzen Ihre Mitarbeiter das Telefon weniger.»

«Ja, die meisten kommen direkt zu mir.»

«Geschätzt haben Sie 5 Prozent und gewünscht haben Sie sich 5 Prozent. Das scheint kein Problem zu sein. Trotzdem ist es wichtig, dass Sie, wenn Sie ungestört an Ihren wichtigsten Aufgaben arbeiten wollen, nicht vom Telefon gestört werden. Wie machen Sie es ganz genau, wenn Sie Ihrer Sekretärin den Auftrag geben, keine Telefonanrufe durchzustellen?»

«Ich bitte sie, mir alle Namen und Telefonnummern aufzuschreiben, damit ich zurückrufen kann.»

«Ihre Sekretärin kann für Sie viel mehr erledigen. Zum Beispiel könnte sie den Anrufenden fragen, ob sie Sie über sein Anliegen informieren dürfe. Wenn Ihre Sekretärin weiss, worum es geht, können schon 50 Prozent der Anrufe eliminiert werden. Oft wird automatisch der «Chef» verlangt, obwohl jemand anders die gewünschten Informationen genau so gut, wenn nicht besser, geben könnte.»

«Und meine Sekretärin kann die Unterlagen für die wichtigen Anrufe zusammen stellen, so dass ich vorbereitet bin, wenn ich zurückrufe.»

«Ja, so können Sie die Telefongespräche besser steuern und in Ihrem Sinne abschliessen. Aber Ihre Sekretärin sollte auch fragen, wann Sie zurückrufen können. Sonst kann es passieren, dass Sie den anderen verpassen.»

«Sie könnte fragen, ob ich zu einen bestimmten Zeitpunkt anrufen kann, von dem sie weiss, dass ich Zeit haben werde.»

«Das wäre sogar noch besser. – Die letzte Kategorie in

Ihrer Zeitinventur waren Betriebsrundgänge. Haben Sie da den effektiven Zeitanteil ermittelt?»

«Ganze 3 Prozent. Ich habe ja früher keine gemacht, aber weil ich daran gedacht habe, bin ich ein paar Mal durch den Betrieb gegangen. Das war wirklich gut. Die Leute haben sich gefreut, dass es mich interessiert.»

«Sie möchten aber ganze 15 Prozent Ihrer Zeit mit Rundgängen verbringen. Ist das nicht ein bisschen zu viel?»

«Doch. Ich habe diese Woche die Erfahrung gemacht, dass 3 bis 5 Prozent ausreichen, um einen Überblick zu erhalten. Sonst fühlen sich die Mitarbeiter überwacht.»

«Als Zeitdieb ist dies kein Thema für Sie?»

«Nein.»

Ich war froh, endlich auch einige ganz konkrete Tips für meine Zeitprobleme zu erhalten. Ich habe viel Zeit durch unüberlegtes Handeln verschwendet. Von nun an möchte ich mindestens eine Stunde pro Tag gewinnen – Zeit für mich und meine Familie.

Zeit ist Leben

«Sind Sie der Meinung, dass ich auch meine Freizeit planen soll?»

«Unbedingt.»

«Geht das nicht zu weit? In meiner Freizeit möchte ich tun, was ich will.»

«Es geht hier darum, die Freizeit sinnvoll zu gestalten. Im übrigen sollten Sie nicht nur während Ihrer Freizeit, sondern immer das tun, was Sie wollen. Ihr Zeitplanbuch wird Ihnen dabei helfen.»

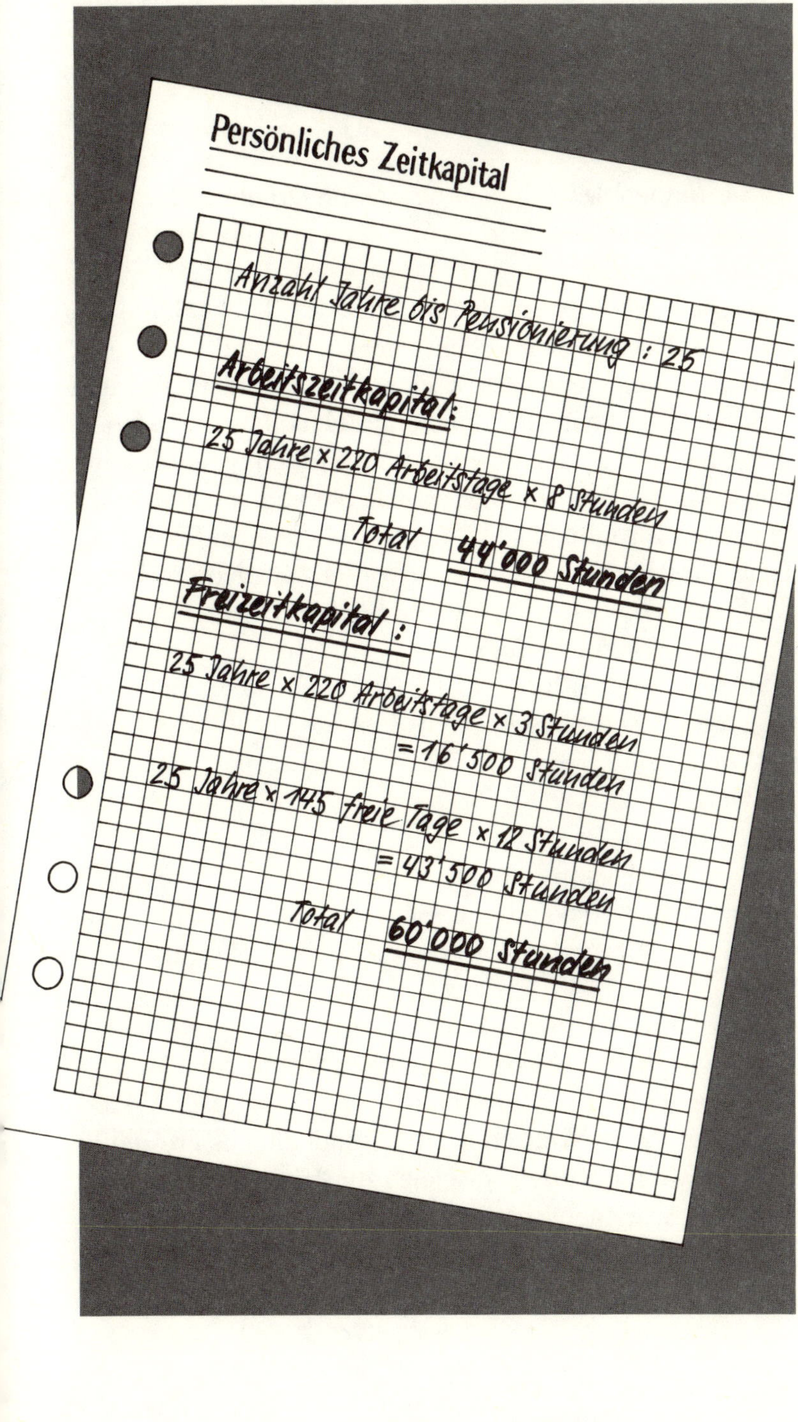
Persönliches Zeitkapital
Anzahl Jahre bis Pensionierung : 25
Arbeitszeitkapital:
25 Jahre x 220 Arbeitstage x 8 Stunden
Total 44'000 Stunden
Freizeitkapital :
25 Jahre x 220 Arbeitstage x 3 Stunden
= 16'500 Stunden
25 Jahre x 145 freie Tage x 12 Stunden
= 43'500 Stunden
Total 60'000 Stunden

«Wie denn?»

«Sie können das Zeitplanbuch als ein Drehbuch für einen Spielfilm betrachten. Von wem soll dieser Film handeln?»

«Von mir selbst.»

«Genau. Sie könnten diesem Film den Titel «Heute beginnt der Rest meines Lebens» geben. Sie sind Produzent, Autor und Regisseur. Dazu sind Sie der Hauptdarsteller und entscheiden auch über Mitwirkende, Handlung und Szenen. Wenn Sie sich dessen bewusst sind, werden Sie in Zukunft genau das machen, was Sie wollen. Sie sind verantwortlich dafür, dass Ihr Film ein Meisterwerk wird, voller Spannung, Tiefe, Geist und Witz. Geben Sie von jetzt an nichts mehr aus der Hand. Dies gilt auch für Ihre Freizeit. Davon haben Sie sowieso mehr zur Verfügung.»

«Das glaube ich Ihnen nicht. Ich arbeite doch viel mehr, als ich freie Zeit habe.»

«Wie alt sind Sie?»

«Vierzig.»

«Ich beweise es Ihnen.»

Er rechnete es mir vor.

«Ihr Arbeitszeitkapital beträgt bis zur Pensionierung genau 44'000 Stunden. Ihr Freizeitkapital insgesamt 60'000 Stunden.»

«Das hätte ich nie geglaubt.»

«Und nach der Pensionierung haben Sie nur noch Freizeit. Die Geringschätzung Ihrer Freizeit steht in krassem Widerspruch zu Ihrem Wunsch nach Gesundheit. Die Freizeit ist äusserst wichtig für den Ausgleich zur Arbeit. Einer, der nur für seine Arbeit lebt, hat eine geringere Lebenserwartung. Wer seine Freizeit ein Leben lang hat brach liegen lassen, erlebt den «Pensionsschock» auf schlimmste Weise.»

«Wie denn?»

«Er weiss nicht mehr, was er mit sich anfangen soll. Sie werden vorzeitig senil, müssen in eine psychiatrische Klinik eingewiesen werden oder sterben frühzeitig.»

«Wenn ich meine Freizeit bewusst gestalte, dann habe ich also bessere Chancen für ein langes Leben.»

«In doppelter Hinsicht. Sie können nicht nur die Punkte «Geboren» und «Gestorben» weiter auseinander bringen, sondern Sie gewinnen auch Lebensqualität. Und ungestaltete Freizeit ist ein gefundenes Fressen für Zeitdiebe. Damit lassen Sie sich ein Stück Ihres Lebens stehlen. Denn Zeit ist Leben.»

«Wie soll ich die Zeitdiebe in meiner Freizeit fassen?»

«Sie müssen nur das tun, was Ihnen Spass macht. Schreiben Sie einmal alles auf, was Sie in Ihrer Freizeit gegen Ihren Willen tun.»

Ich dachte nicht, dass ich etwas finden würde, doch bald hatte ich eine ansehnliche Liste zusammen.

«Ich schaue zu viel Fernsehen, Filme, die ich schon einmal gesehen habe oder mehrmals dieselben Nachrichten. – Wir laden aus reiner Gewohnheit immer wieder die gleichen Freunde ein, erzählen uns immer wieder dieselben Geschichten und schlagen so die Zeit tot. Wir machen oft Spaziergänge am Sonntag mit der ganzen Familie, weil uns nichts Besseres einfällt. Ich hasse es aber, ziellos durch die Gegend zu wandern. Wie viele während der Woche liegengebliebene Zeitschriften versuche ich zu lesen, damit ich sie endlich mit gutem Gewissen fortwerfen kann. Meine Liste ist lang: Lästige Verwandte, schmutziges Auto, tropfender

Hahn, wuchernder Garten, längst fällige Weihnachtseinkäufe und so weiter.»

«Sie müssen lernen, »nein« zu sagen, sonst leiden Sie auch in Ihrer Freizeit unter chronischem Zeitmangel.»

Ich war ganz fasziniert von dieser Idee. Früher hatte ich immer solche Hemmungen davor, «nein» zu sagen, obwohl ich es in meinem Inneren schreien hörte. Endlich durfte ich es ohne schlechtes Gewissen herauslassen. Es war wie eine grosse Befreiung.

Die Tagesplanung

«Ich wollte Sie noch etwas fragen. Ich habe manchmal Mühe mit dem Tagesplan. Vor allem, weil es oft beim guten Vorsatz bleibt. Am Abend stelle ich fest, dass der Tag ganz anders verlaufen ist, als ich es mir vorgenommen hatte. Ich beherrsche die Tagesplanung nicht ganz.»

«Setzen Sie jeden Tag Prioritäten?»

«Nein.»

«Dann wird die Reihenfolge Ihrer Handlungen immer von äusseren Einflüssen bestimmt. Das Ergebnis: Sie arbeiten zwar viel, kommen aber Ihren Zielen nicht näher. – Wenn Sie Ihre wichtigsten Aufgaben in den Tagesplan übertragen haben, müssen Sie sie gemäss ihrer Wichtigkeit klassifizieren. Die Aufgaben mit der höchsten Priorität müssen zuerst erledigt werden.»

«Soll ich sie nach A, B oder C unterteilen?»

«Besser ist es, wenn Sie sie in der Reihenfolge ihrer Bedeutung durchnumerieren. Fangen Sie am Morgen als erstes mit der Aufgabe Nummer 1 an und bleiben Sie so lange daran sitzen, bis sie erledigt ist. Überprüfen Sie Ihre Prioritäten noch einmal, und nehmen Sie dann Nummer 2 in Angriff. Dann Nummer 3 und so weiter.»

«Sie meinen, ich soll gleich am Morgen mit der wichtigsten Aufgabe beginnen?»

«Es ist nicht egal, zu welchen Zeitpunkt Sie Ihre Aufgaben erledigen. Sie können bestimmt am Vormittag am besten arbeiten?»

«Das ist wahr.»

«Diesen Leistungshöhepunkt werden Sie während des gesamten Tages nicht mehr erreichen. Dehalb sollten Sie die Aufgaben mit der höchsten Priorität gleich am Morgen erledigen.»

«Einverstanden. – Aber auch wenn ich jeden Tag Prioritäten setze, blieben am Ende des Tages viele Aufgaben unerledigt übrig.»

«Dann nehmen Sie sich zu viel vor. Für die Tagesplanung gilt die 60:40 Regel, d.h. dass Sie nicht mehr als 60% Ihrer Zeit verplanen dürfen und die übrigen 40% als Pufferzeit zwischen den Tätigkeiten für unerwartete und spontane Eventualitäten reserviert bleiben müssen. Wenn Sie zunächst von einem 10-Stunden-Tag ausgehen, wie viele Stunden dürfen Sie dann effektiv verplanen?»

«Nicht mehr als 6 Stunden.»

«Ziel sollte jedoch der 8-Stunden-Tag mit ca 5 Stunden verplanter Zeit sein. Haben Sie mehr als 60% der verfügbaren Zeit verplant, müssen Sie den Arbeitskatalog auf dieses Mass zusammenstreichen, indem Sie noch mehr Prioritäten setzen, Aufgaben reduzieren, delegieren oder verschieben.

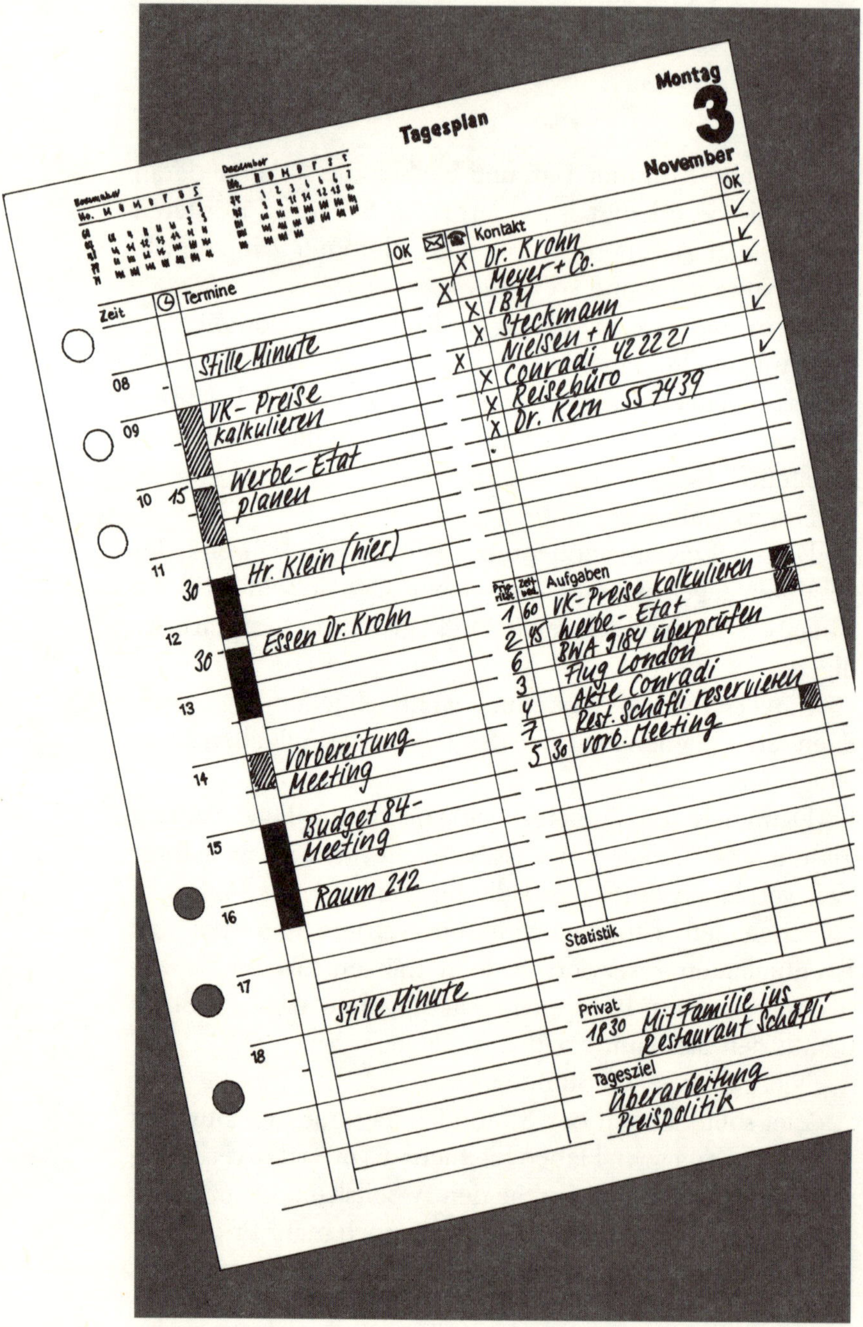
Tagesplan
Montag
3
November
OK
Kontakt
Dr. Krohn
Meyer + Co.
IBM
Steckmann
Nielsen + N
Conradi 42 22 21
Reisebüro
Dr. Kern 55 74 39
Zeit
Termine
OK
Stille Minute
08
VK-Preise kalkulieren
09
Werbe-Etat planen
10
15
Hr. Klein (hier)
11
30
Essen Dr. Krohn
12
30
13
Vorbereitung Meeting
14
Budget 84-Meeting
15
Raum 212
16
17
Stille Minute
18
Aufgaben
1 60 VK-Preise kalkulieren
2 45 Werbe-Etat
6 BWA 9184 überprüfen
3 Flug London
4 Akte Conradi
7 Rest. Schäfli reservieren
5 30 vorb. Meeting
Statistik
Privat
18 30 Mit Familie ins Restaurant Schäfli
Tagesziel
Überarbeitung Preispolitik

Ich möchte Ihnen eine Methode zeigen, wie Sie den Tagesplan erstellen können. Sie ist leicht zu merken, da ihr Name sich aus den Anfangsbuchstaben der acht Stufen bildet. Sie heisst die Zeitplan-Methode. – Die erste Stufe heisst «Z» wie **Zielsetzung.** Die Tagesplanung beginnt mit der Durchsicht der persönlichen Zielsetzung im Abschnitt 1 Ihres Zeitplanbuches. Die zweite Stufe heisst «E» wie **Erfolgsweg.** Konkret bedeutet das, dass Sie zuerst alle Ihre Aufgabenlisten im Zeitplanbuch sichten, Erledigtes abhaken und neu hinzukommende Aufgaben eintragen.»

«Soll ich jeden Tag alle Aufgabenlisten in den verschiedenen Abschnitten durchgehen? Das braucht doch viel zu viel Zeit.»

«Die Aufgabenlisten geben Ihnen auf einen Blick die Übersicht. Es geht viel schneller, als Sie glauben. Sie brauchen nicht mehr als 5 bis 10 Minuten pro Tag für die ganze Zeitplan-Methode. – Die dritte Stufe heisst «I» wie **Ist-Bestand Termine.** In Ihrem Terminkalender sind alle Ihre Termine, die Sie wahrnehmen möchten, festgehalten. Sie haben also für den Tag schon Zeit im voraus verplant. Sie übernehmen die Termine aus dem Terminkalender und tragen sie in den Tagesplan ein, dann können Sie sofort erkennen, wieviel frei disponible Zeit für zusätzliche Aufgaben und Aktivitäten übrig bleibt. Die vierte Stufe heisst «T» wie **Tagesaufgaben.** Erst jetzt übernehmen Sie die wichtigsten Aufgaben aus den Aufgabenlisten und tragen sie in den Tagesplan unter Rubrik «Aufgaben» ein.»

«Wozu ist die Rubrik «Kontakt»?»

«In Ihrer Arbeit müssen Sie ja sehr viel kommunizieren. Korrespondenz und Telefonate müssen festgehalten werden.

Um sie nicht zu vergessen, tragen Sie sie in Ihren Tagesplan ein. – Die fünfte Stufe heisst «P» wie **Prioritäten.** Das haben wir bereits besprochen. Die sechste Stufe: «L» wie **Länge der Tätigkeiten.** Für alle Termine und für die wichtigsten Aufgaben, die Sie in den Tagesplan übernehmen, muss die Zeit, die Sie für ihre Erledigung brauchen, geschätzt werden. Die Erfahrung zeigt, dass die Zeit meistens unterschätzt wird, z.B. geht vergessen, dass eine Sitzung Vorbereitungszeit braucht, oder dass bei einem Kundenbesuch die Hin- und Rückfahrt mitberücksichtigt werden muss. – Die siebte Stufe heisst «A» wie **Abstand zwischen den Tätigkeiten.** Unvorhergesehene Ereignisse und Störungen müssen berücksichtigt werden. Die Tagesaufgaben und Termine sollten immer mit einem kleinem Zeitpuffer voneinander getrennt sein. – Die letzte und achte Stufe heisst «N» wie **Nachkontrolle.** Sie findet am Ende des Arbeitstages statt. Bevor Sie aus dem Büro stürzen, sollten Sie in aller Ruhe während ein paar Minuten den Tag abschliessen und den nächsten Tag planen. Dabei stellen Sie sich folgende Fragen: Welche der vorgenommenen Aufgaben konnte ich erledigen? Welche Ergebnisse wurden erzielt? Was blieb unerledigt und warum? Wo wurde Zeit verschwendet? Was ergibt sich daraus für den Tagesplan des nächsten Tages? Dann sollten Sie den Tagesplan für den nächsten Tag ausarbeiten, damit Sie wissen, was morgen auf Sie zukommt. Wenn Sie sich vorbereiten, stellen Sie die Weichen für einen erfolgreichen, kommenden Tag.»

«Und nachher kann ich wirklich abschalten und mich auf meinen Abend mit der Familie einstellen.»

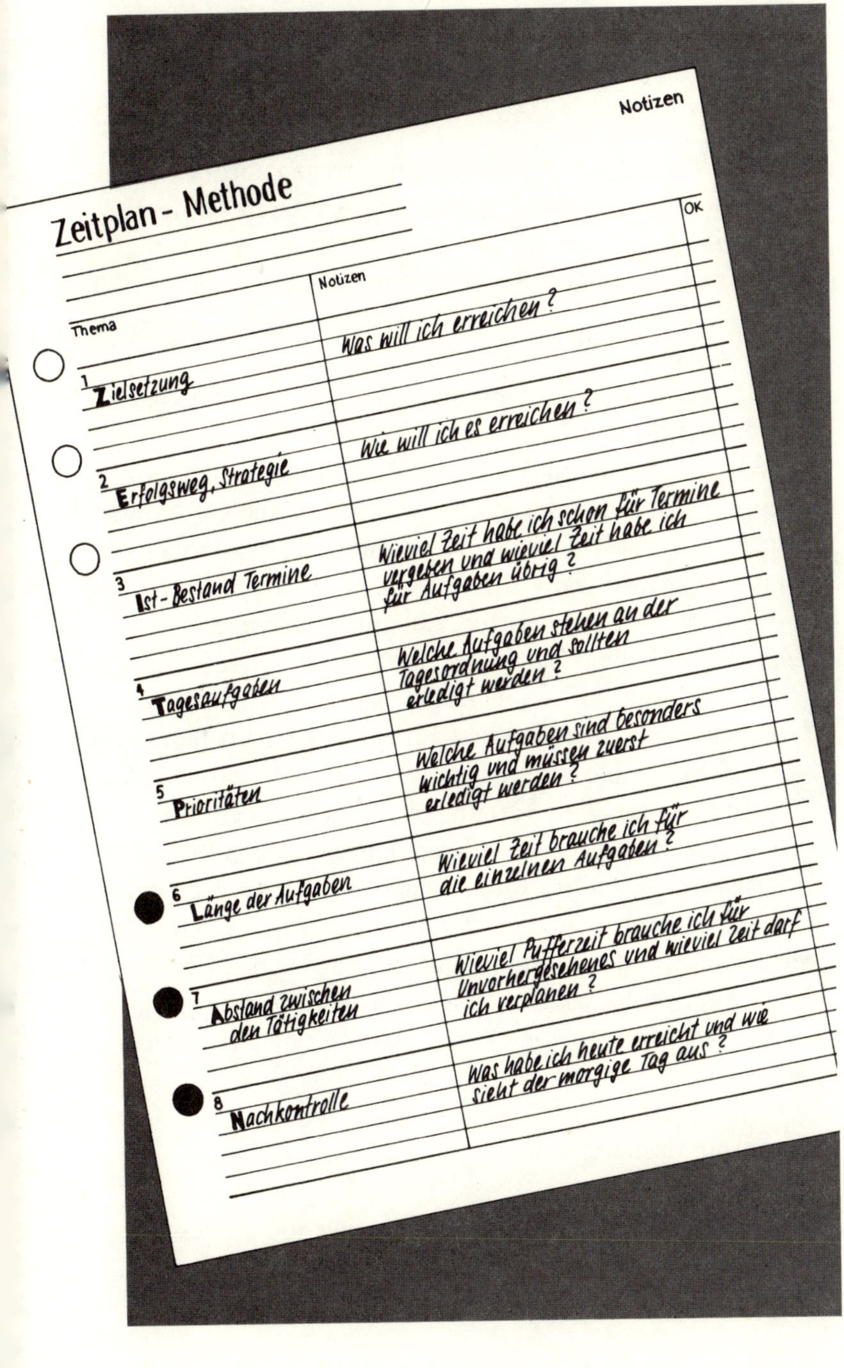

Notizen
Zeitplan - Methode
OK
Thema
Notizen
1 Zielsetzung
Was will ich erreichen?
2 Erfolgsweg, Strategie
Wie will ich es erreichen?
3 Ist-Bestand Termine
Wieviel Zeit habe ich schon für Termine vergeben und wieviel Zeit habe ich für Aufgaben übrig?
4 Tagesaufgaben
Welche Aufgaben stehen an der Tagesordnung und sollten erledigt werden?
5 Prioritäten
Welche Aufgaben sind besonders wichtig und müssen zuerst erledigt werden?
6 Länge der Aufgaben
Wieviel Zeit brauche ich für die einzelnen Aufgaben?
7 Abstand zwischen den Tätigkeiten
Wieviel Pufferzeit brauche ich für Unvorhergesehenes und wieviel Zeit darf ich verplanen?
8 Nachkontrolle
Was habe ich heute erreicht und wie sieht der morgige Tag aus?

«Überlegen Sie, wie Sie den heutigen Tag abrunden können, indem Sie den Abend zu einem weiteren Höhepunkt machen.»

«Heute wäre ein guter Tag, um mit meiner ganzen Familie ins Kino zu gehen. Es läuft ein Film in der Stadt, den wir alle sehen wollen.»

Ich schaute auf die Uhr und sah, dass von der vierten Stunde nur noch 5 Minuten übrig waren.

«Wir haben uns mit meiner Zukunft und Vergangenheit ausführlich auseinandergesetzt. Heute war die Gegenwart dran. Können Sie mir noch einmal sagen, was eigentlich der Sinn des Ganzen war.»

«Es geht darum, dass Sie Zukunft, Vergangenheit und Gegenwart zu einer harmonischen Einheit vereinen. Damit geben Sie Ihrem Leben nicht nur einen Sinn, sondern fördern gleichzeitig Ihre seelische Entwicklung. – Im Tagesplan behalten Sie die Übersicht. Das Tagesziel ist die Zukunft. Die Erfahrungen aus der Vergangenheit bestimmen Ihr Vorgehen. Die daraus resultierenden Tagesaufgaben bilden die Gegenwart. Wenn Sie Ihren Zielen wieder spürbar näher gekommen sind, wenn der Tag für Sie ein erfolgreicher Tag war und wenn der morgige Tag vielversprechend ist, dann fühlen Sie, dass Sie leben. Dann leben Sie ganz in der Gegenwart. – Ich wünsche Ihnen eine gute Zeit und viel Erfolg.»

Zusammenfassung

Dies war meine letzte Stunde und ich ging nochmals sorgfältig durch, was wir besprochen hatten.

* Die Zeitdiebe

Nicht die äusseren Umstände sind der Grund für meinen chronischen Zeitmangel. Ich selbst bin der grösste Zeitdieb, weil ich mich nicht abgrenzen und «nein» sagen kann.

Haben Sie sich schon überlegt, wo Sie nicht «nein» sagen können? Vielleicht finden Sie es heraus, wenn Sie die folgende Selbsteinschätzung machen:

	Stimmt			
	fast immer	häufig	manchmal	fast nie
(1) Das **Delegieren** von Aufgaben klappt nur selten richtig, und oft erledige ich Dinge, die auch andere hätten tun können.				
(2) Meine **Besprechungen** und **Sitzungen** dauern häufig viel zu lange, und oft ist das Ergebnis für mich unbefriedigend.				
(3) Ich habe zuviel **Papier** und **Akten** auf meinem Schreibtisch. Korrespondenz und Lesen braucht zu viel Zeit. Übersicht und Ordnung auf meinem Schreibtisch sind nicht gerade vorbildlich.				
(4) Durch die vielen **Besucher** komme ich oft nicht mehr zu meiner eigentlichen Arbeit.				
(5) Ich lasse mich laufend vom **Telefon** stören, und die Gespräche sind meistens unnötig lang.				

	Stimmt			
	fast immer	häufig	manch-mal	fast nie
(6) Oft fehlen mir klare **Prioritäten** und ich versuche, zu viele Aufgaben auf einmal zu erledigen. Ich mache zuviel Kleinkram und kann mich zu wenig auf die wichtigsten Aufgaben konzentrieren.				
(7) **Tagesplanung:** Oft komme ich gar nicht zu dem, was ich mir vorgenommen habe. Ich wünschte, ich hätte mehr Zeit für meine wichtigen Projekte. Ich werde ständig unterbrochen und kann angefangene Aufgaben nicht zu Ende führen. Immer kommt etwas dazwischen.				

Welches sind Ihre drei schlimmsten Zeitdiebe? Was werden Sie ab heute tun, um sie zu fassen?

Zeitdiebe	Grund	Massnahmen
Beispiel:		
Telefon	klingelt ständig	Sekretärin macht Rückrufdienst
1. ______	______	______
______	______	______
2. ______	______	______
______	______	______
3. ______	______	______
______	______	______

*** Zeit ist Leben**

Wenn ich mit meiner Zeit nicht zurecht komme, lebe ich auch nicht richtig in der Gegenwart, denn Zeit ist Leben. Wie falsch es ist, sich die Zeit stehlen zu lassen, zeigt folgende Übung mit den schon oft gehörten Ausreden, in denen das Wort Zeit vorkommt. Setzen Sie anstelle von «Zeit» das Wort «Leben» ein. Also zum Beispiel der Ausdruck «das kostet Zeit» würde eigentlich «das kostet Leben» bedeuten.

- ich habe keine Zeit
- mir fehlt die Zeit
- gib mir Zeit
- wie die Zeit vergeht
- ich brauche mehr Zeit
- ich sitze die Zeit ab
- es wird mich viel Zeit kosten
- ich warte auf bessere Zeiten
- die Zeit ist um
- die Zeit hat nicht gereicht
- ich habe die Zeit vertrödelt
- ich habe die Zeit totgeschlagen

*** Tagesplanung**

Erst wenn ich meine Zeitdiebe unter Kontrolle gebracht habe, kann ich einen Tagesplan aufstellen, den ich auch einhalten kann. Aber die Erstellung eines Tagesplanes will gelernt sein. Ich habe mir immer zu viel vorgenommen und geglaubt, dass ich mehr Zeit zur Verfügung hätte, als effektiv vorhanden war.

Wie sieht es bei Ihnen aus? Klappt Ihr Tagesplan ohne Probleme? Wenn nicht, versuchen Sie ihn mit Hilfe der Zeitplan-Methode zu erstellen.

1. Zielsetzung (Was will ich erreichen?)

2. Erfolgsweg, Strategie (Wie will ich es erreichen?)

3. Ist-Bestand Termine (Wieviel Zeit habe ich schon für Termine vergeben und wieviel Zeit habe ich für Aufgaben übrig?)

4. Tagesaufgaben (Welche Aufgaben stehen an der Tagesordnung und sollten erledigt werden?)

5. Prioritäten (Welche Aufgaben sind besonders wichtig und müssen zuerst erledigt werden?)

6. Länge der Aufgaben (Wieviel Zeit brauche ich für die einzelnen Aufgaben?)

7. Abstand zwischen den Tätigkeiten (Wieviel Pufferzeit brauche ich für Unvorhergesehenes und wieviel Zeit darf ich verplanen?)

8. Nachkontrolle (Was habe ich heute erreicht und wie sieht der morgige Tag aus?)

Epilog

Es ist jetzt eine Weile her, dass ich beim Zeitberater war. Sicher wollen Sie wissen, ob die vier Stunden mir etwas gebracht haben. Ich finde schon. Früher wurde ich dauernd von Anforderungen, Terminen, Verpflichtungen bedrängt. Alle Probleme sollten wenn möglich gleichzeitig gelöst werden. Ich geriet allzuleicht in Hektik und verlor den Überblick. Ich fühlte mich ständig gestresst und geriet immer häufiger aus der Vogelschau in die Froschperspektive. Mein seelisches Gleichgewicht war gestört.

Jetzt weiss ich, was Dauer ist. Ich erlebe die Gegenwart bewusster und lasse mich weniger ablenken. Diese Haltung beginnt schon am frühen Morgen beim Rasieren. Ich verfolge jede Bewegung im Spiegel. Anfallende Tagesprobleme blende ich ganz aus. Beim Frühstück geniesse ich das Essen und die Gesellschaft meiner Familie. Auf dem Arbeitsweg konzentriere ich mich voll auf das Autofahren, bleibe gelassen und rege mich nicht mehr auf. Bei der Arbeit widme ich mich ganz den Aufgaben, die ich gerade erledige und vermeide jede Art von Verzettelung. Jedes Problem wird zur vorgesehenen Zeit in Angriff genommen. Ich überlege ruhiger, kann mich besser konzentrieren und mache weniger Fehler. Und ich habe das Gefühl, dass ich meine Leistung bedeutend gesteigert habe.

Weil ich jetzt weiss, was ich von der Zukunft will, lasse ich mich nicht mehr von Existenzängsten plagen. Probleme sehe ich als Herausforderung an. Mit der Vergangenheit habe ich Frieden geschlossen. Ich bin mir meiner Hypotheken bewusst und versuche, daraus das Beste zu machen. – Natürlich habe ich nicht alle meine Zeitprobleme gelöst. Ab und zu komme ich immer noch in Stress. Aber es hat sich merklich gebessert. Es ist wieder eine Entwicklung da. Ich habe einen Weg gefunden, wie ich mich mit meiner Zeit und meinem Leben auseinandersetzen, und meine seelische Entwicklung fördern kann.